楽しい韓国語の方言ワールド

改訂版 話してみよう！釜《プ》山《サン》語《マル》

金世一・白尚憙 共著

HANA

本書は、2013 年に発行された『話してみよう！釜山語』（HANA 刊）の一部内容に変更を加えた改訂版です。

はじめに

最近、韓国の芸能番組やドラマを通じて、釜山の方言をよく耳にするようになりました。釜山の個性や特徴が、そして釜山の言葉でそれらをよく表現できることが、ようやく認められたのだと思います。

私は釜山で生まれ育ちました。両親も釜山周辺の出身なので、私は母のおなかにいるころから、釜山の方言に親しんできました。その後私は、釜山の大学の演劇科に進んだのですが、そこは「釜山の中の標準語」の世界でした。演技で求められることはもちろん、学校生活でも標準語が暗黙的に求められていました。放送局の採用では方言の問題で落とされるという噂さえあり、俳優を目指す人は標準語を学ぶことに必死でした。しかし、生まれてこのかた釜山マルで育ってきた私は、標準語で感情を表すことに深い違和感を感じていました。また、そうしなければ俳優になれないということを、不条理にさえ感じていました。

この本の執筆に当たり書籍や資料を読む中で、幼い頃、祖母からよく聞いていたのに忘れてしまった言葉が多くあることに気付かされました。祖父母の代に使われていた地域の言葉が自分の世代に失われ、その次の世代にはさらに多く失われてしまうと、危機感さえ感じました。

本書は、現在日常的に使われている釜山マルの表現を集め、ドラマの形式も使い、音声とテキストで本に残したことに意義があると考えます。同時に、日本の韓国語学習者の方々が、本書で釜山の言葉に少しでも親しみ、実際に使ってみることで、釜山の文化と釜山の人々にもっと近づいていただくことが、私のもう一つの願いでもあります。

うれしいことにこの本は増刷を重ね、このたび改訂版を出すことになりました。売れそうもない釜山マルの本を企画して、出版にまでつなげてくれた出版社のHANAに感謝するとともに、さまざまな助言と音声の出演で私をサポートしてくれた妻の李知映に感謝します。また、文法編をまとめてくださった白尚憙先生の存在なしにこの本は完成されませんでした。ここに感謝の意を捧げたいと思います。

2021年4月　金世一

目次

音声ダウンロードのご案内

本書1・2・3章の韓国語音声は、小社ウェブサイトより無料でダウンロードできます。音声はMP3形式のファイルになっており、本書中のトラックの数字とファイルの名前が一致しています。

ダウンロードページへは、右のQRコード、もしくはhttps://www.hanapress.com/archives/11912 からお入りいただけます。ダウンロードの際には、パスワード「nuy4kwk6」をご入力ください。

本書の構成と使い方

本書では、韓国の南東に位置する慶尚道の方言(경상도 사투리 / 영남 방언)の中でも、特に釜山を中心とした地域で使われている言葉(부산말 / 부산 사투리)を中心に取り上げましたが、方言には規範や標準はなく、その地方の中でも、地域ごと、家庭ごと、あるいは世代ごとに少なからず違いがあることをご理解ください。なお、本書釜山マルの表記方法については、巻末P.165の「本書のハングル表記」をご覧ください。

本書は、まず第1章で釜山マルの発音や文法などを学びます。第2章でそれらを含んだフレーズを聞き、話して練習を行い、最後の第3章のドラマでナチュラルスピードの釜山マルに慣れるという構成になっています。

第1章、第2章、第3章の音声はダウンロードで提供しています(P.005参照)。あえて標準語や日本語の訳は収録せず、釜山マルだけを収めた、全編釜山マルのこの音声は、シャドーイングなどの音声練習を用いて本格的に釜山マルを身に付けたい人にも実用度十分です。

すぐに釜山マルの実際の表現や音を楽しみたいという人は、第2章や第3章から始めても構いません。第2章には釜山マルの重要な発音項目や文法項目をさかのぼって確認できるよう、第1章への参照指示を付けました。

第1章　釜山マルの発音と文法

① この章では、釜山マルに特徴的な音韻や文法の法則などを解説しました。この章の内容を理解するだけで、言い回しが、より具体的に理解できるようになるはずです。

② 音声は、釜山マルだけが読み上げられています。

5 文法

文末表現

日本語でもそうですが、方言の特徴が最もはっきり表れるのは文末表現においてです。釜山マルでも、独特な終結語尾や表現が使われています。例えば「어디 가?（どこへ行くの?）」というパンマルでも、ソウルマルでは「어디 가니?」「어디 가냐?」など使い分けることで微妙なニュアンスを出せるのに対し、釜山マルではいつも「오데 가노?」一本です。つまりヤクザであろうがうら若き女子大生であろうが表現自体は同じになるので、今までソウルマルだけを勉強してきた人にとっては少々戸惑いがあるかもしれません。

1. 丁寧形「요」→「예」　TR-25

標準語でよく使われる丁寧さを表す「요」は「예」になります。従って、丁寧形の語尾「-아/어요」も「-아/어예」になります。「예」の部分のイントネーションを上げることで疑問を表すことができます。

① 잘 모르겠는데예.　잘 모르겠는데요
よく分かりません。

② 머 드리까예?　뭘 드릴까요?
何を差し上げましょうか(何になさいますか)?

③ 쪼매 비싼데예.　조금 비싼데요.
ちょっと高いんですが。

2. 丁寧形「에요/이에요」→「라예/이라예」　TR-26

釜山マルでは、名詞に付く「이다」の丁寧形「이에요」は「이라예」に、「예요」は「라예」になります。「라예/이라예」の「예」部分のイントネーションを上げることで疑問文になります。

① 지 친구라예.　제 친구예요.
私の友達です。

② 이기 그 유명한 동래 파전이라예.
이게 그 유명한 동래 파전이에요.
これが、あの有名な東莱のネギチヂミなんですよ。

③ 저 게기 이름이 머라예?　저 고기 이름이 뭐예요?
あの魚、名前は何ですか?

3. 丁寧形「-ㅂ/습니다」→「-ㅁ/심니더」　TR-27

かしこまった丁寧形の語尾「-ㅂ/습니다」は、釜山マルでは「-ㅁ/심니더」になります。さらに縮約されて「-ㅁ/심더」と発音されることもあります。

① 할매, 지 왔심니더.　할머니, 저 왔습니다.
おばあさん、こんにちは(私、来ましたよ)。

② 아부지는 잘 계십니더.　아버지는 잘 계십니다.
父は元気です。

③ 헤사 잘 댕기고 있심더.　회사 잘 다니고 있습니다.
会社で頑張っています(会社にちゃんと行っています)。

4. 丁寧形疑問文「-ㅂ/습니까?」→「-ㅁ/심니꺼?」　TR-28

丁寧に質問するときに使われる「-ㅂ/습니까?」は、釜山マルでは「-까」の部分が「-꺼」と発音されます。

① 계십니꺼?　계십니까?
いらっしゃいますか?

② 와 이럽니꺼?　왜 이럽니까?
何でこんなことするんですか?

第2章　釜山マル実用フレーズ集

① この章には観光や交流に役立つフレーズを収めました。釜山の人々とより深く交流できるよう、丁寧語だけでなく、パンマル表現も多く含めてあります。

② 第1章で解説した項目が使われている場合は参照先を記したので、より正確に理解したい場合、第1章に戻って解説を読むとよいでしょう。

③ 音声は、釜山マルだけが読み上げられています。

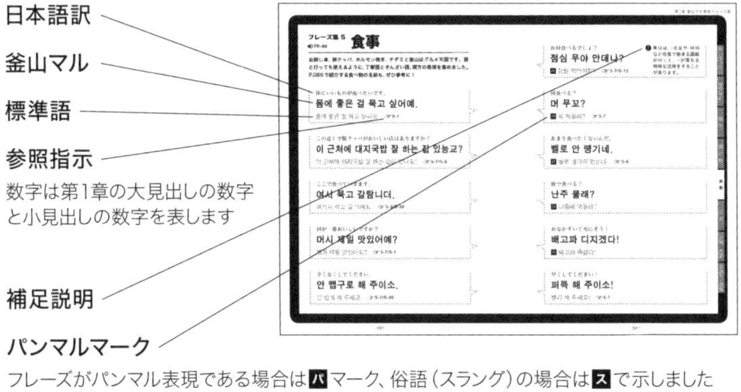

第3章　音声ドラマ「ジヘとジョンウの友情」

① 男女2人の主人公を軸に数人の人物が登場し、全編ナチュラルスピードの釜山マルで進行します。釜山で活動する俳優たちが録音を行いました。

② 第1章で学んだ釜山マルの発音や文法が繰り返し使われていますので、第1章をしっかり消化した後で聞くと、高い学習効果が得られます。

第1章

釜山マルをマスターする近道！

釜山マルの発音と文法

1 釜山マルって何？

以前、韓国で大流行した映画に『친구（友へ　チング）』というものがあります。その劇中で、「내는 니 시다바리가？」と、主演のチャン・ドンゴンがすごみを利かせて放ったせりふは、ソウルの人たちの間でも大流行しました。「俺はお前のパシリ（子分）か?」という意味なのですが、これは朝鮮半島の南東地方、慶尚道の方言の一つで、韓国第2の都市、釜山を中心に話されている釜山マル（부산말）というものです。

釜山マルはソウルマル（서울말＝標準語）と違って独特な声調*を持ちます。その差は、東京弁に対する関西弁をイメージすると分かりやすいかもしれません。また文法的にも釜山マルと標準語とでは単語や語尾に違いが見られます。上のせりふでも「나（俺）」ではなく「내」を使い、語尾の「야（～か?）」が「가」に置き換わっています。

釜山マルは情感豊かな言葉でもあります。ソウルの人たちは釜山の人たちが話すのを聞くと、まるでけんかをしているようだと言いますが、それはそれだけ釜山マルの高低アクセントや抑揚、激音が激しいからであって、その分、情感を表出しやすいことを意味します。

皆さんもぜひ、この人情味に溢れた釜山マルを楽しみながら勉強してください。

2 アクセント

釜山マルというと、まず、その独特なアクセントと抑揚が特徴として挙げられます。標準語と違い、釜山マルは音の高さの変動が激しく、それによって単語の意味を区別します。音の高さの変化というと、中国語の声調を思い出される方がいるかもしれませんが、中世韓国語にも声調*がありました。しかし近代に入って、韓国語の声調はその弁別力を失い、釜山マルにその影が残っているのです。

高調 TR-02

말 馬　**손** 客
배 梨

中調 TR-03

말 斗　**손** 手
배 腹

低調 TR-04

말 言　**손** 孫
배 倍

現代標準韓国語においては、低調の言葉は長く発音するように指導しています。辞書では[말ː]のように、長音を[ː]で示しています。

このような声調は1音節の単語だけではなく、2音節以上の単語でも見られます。

高中調 TR-05

우리 牧舎　**가지** 枝　**깊다** 深い　**잽히다(잡히다)** 担保にする

低中調 TR-06

우리 私たち　**가지** ナス　**깁다** 縫う　**잽히다(잡히다)** 捕まる

＊ただし中国語の声調とは異なり、日本語の高低アクセントのようなものです。

抑揚

釜山マルは声調だけでなくセンテンス単位の高低、つまり抑揚が激しいことでも知られています。さて、下の韓国語、何を言っているのか分かるでしょうか？

TR-07

가가 가가?

これを説明すると、가가 가가？➡ 그 아가 그 아가？➡ 그 아이가 그 아이가（아이야）？となり、「あの子が例のあの子なの？」という意味になります。文字で書いただけでは何のことかさっぱり分からないこの言葉も、釜山の人たちはその抑揚でうまくキャッチすることができるのです。

また、「어디 가？」という言葉は、「どこに行くの？」「どこかに行くの？」の二つの意味を持っていますが、標準語では文脈で理解する以外、それを文法的に区別することができません。それが釜山マルになると、後にP.025、P.026で紹介する方言の終結語尾「-노」と「-나」を加え、さらに抑揚をつけることで、はっきりと区別することができます。

TR-07

어디 가노? どこに行くの？　**어디 가나?** どこかに行くの？

チャレンジ1 釜山マルの抑揚で発音してみましょう。 TR-08

① **머가 보이노?** 何が見えるの？
② **머가 보이나?** 何か見えるの？
③ **누가 왔노?** 誰が来たの？
④ **누가 왔나?** 誰か来たの？

3 音韻体系

以下に示すものは、伝統的な釜山マルの音韻体系ですが、放送などの影響により、若い世代では標準語の体系に近付いています。

子音の釜山的特徴

1.「ㅆ」を「ㅅ」と発音する

「살 팔러 가요」。この言葉の意味が分かるでしょうか? 「살=肉」「팔다=売る」となると、「肉を売りに行きます」? 実は、釜山や慶尚道の人々は「ㅅ」と「ㅆ」の区別が弱いのです。「쌀 팔러 가요」と言うところを「살 팔러 가요」と言ったりします。また「팔다」は「(穀物を) 買う」という意味(標準語でも使われます)。よって、「お米を買いに行きます」の意味になります。

TR-09

쌀 米 ➡ 살

2.「ㄱ」を「ㅈ」と発音する

「짐치 참 맛있다 (김치 참 맛있다=キムチ、すごくおいしい)」のように釜山マルでは、よく「ㄱ」を「ㅈ」と発音します。この変化は[i]や[j]の音の前でよく起きます。

TR-10

김치 キムチ ➡ 짐치

3.「ㅎ」を「ㅅ」と発音する

「밥을 묵어야 심이 난다（ご飯を食べなければ元気が出ない）」という言葉がありますが、これも「힘(力)」が「심」となっています。

TR-11

힘 カ ➡ **심**

チャレンジ2 釜山マルの子音体系を使って発音してみましょう。 TR-12

① **싸우다** けんかする　② **길** 道

母音の釜山的特徴

釜山マルの単母音の体系は、「아、애/에、어/으、오、우、이」の六つだけです。

4.「에」と「애」の区別が弱い

「내（私の）」と「네（君の）」が、同じ発音に聞こえます。「애」と「에」の区別はまったくつきません。すなわち、「개（イヌ）」と「게（カニ）」を区別して発音するのは不可能に近いのです。半世紀前まではちゃんと「애」と「에」の発音の区別ができたソウルの人々も、それらの発音を事実上区別しなくなってきているのは、釜山、慶尚道の人たちのソウルへの流入が原因ではないかともいわれています。

TR-13

개 イヌ　**게** カニ

5.「어」と「으」の区別が弱い

釜山、慶尚道の人々は「으」と「어」の区別が弱く、大体中間の音でまとめて発音します。時に「우」に近い音で発音することもあります。

TR-14

음악 音楽 ➡ 엄악/음악　　글자 字 ➡걸자/글자

6.「야」行母音を単母音で発音する

「야」行母音が、「요리（料理）」のように直接語頭に来る場合、そのまま二重母音として発音されるのですが、子音を伴う場合には「여」→「에」、「요」→「오」、「유」→「우」のように、単母音で発音されます。

TR-15

며느리 嫁 ➡ 메누리　　형님 お兄さん ➡ 헹님

표 切符 ➡ 포　　휴지 トイレットペーパー ➡ 후지

少し昔の話になりますが、慶尚道出身の金泳三元大統領（在任 1993-98）の語録に「겡제를 살립시다（経済を回復させましょう）」というものがあります。彼の在任中に韓国は深刻な経済危機（IMF 危機）に見舞われましたが、彼が「경제（経済）」を「겡제」と訴えたので、結局在任期間中に経済を回復させることができなかったという笑い話になっています。

7. 二重母音を単母音で発音する

「와」「워」「의」などの二重母音が「아」「어」「으/이」などの単母音で発音されます。

TR-16

과부 寡婦 ➡ 가부	괴롭다 苦しい ➡ 게롭다
열쇠 鍵 ➡ 열세	계획 計画 ➡ 게헥
뭐 何 ➡ 머	권리 権利 ➡ 걸리
사위 婿 ➡ 사이	귀 耳 ➡ 기
쥐 ネズミ ➡ 찌	의사 医師 ➡ 이사/으사

これも前述の金泳三元大統領の話になりますが、彼が「확실히（確実に）」を「학실히」と、「위대한（偉大な）」を「이대한」と発音したことで、一時全国的に流行したことがありました。

チャレンジ3 釜山マルの母音体系を使って発音してみましょう。 TR-17

① **근무** 勤務 ② **경찰** 警察 ③ **괜찮다** 大丈夫だ ④ **활발** 活発

4 音韻現象

ご存じのように韓国語が難しいのは、個々の子音や母音の発音だけでなく、助詞や語尾などが名詞や動詞に付いたときなどに起こる音韻変化があるからです。釜山マルには皆が知っている標準語とは、また違った音韻変化があります。面倒と思わずに楽しんで覚えましょう。

1.「ㅂ」変則活用、「ㅅ」変則活用がない

「ㅂ」変則は、「춥다 (寒い)」などのように語幹末にパッチム「ㅂ」がある一部の用言で、活用の際に「우」や「오」に変わり、「추워요、추웠어요、추워서、추워도、추워라」などとなります。ところが、釜山、慶尚道の人々は寒い時に「아이고, 추버라 (うわ〜、寒い)」などと言うのです。また、「ㅅ」変則用言においても、母音で始まる語尾が付いても語幹の「ㅅ」が脱落しないで活用します。下の例を見てみましょう。

TR-18

춥다 寒い	➡	춥고 寒くて	추부면 寒ければ	추버서 寒くて
덥다 暑い	➡	덥고 暑くて	더부면 暑ければ	더버서 暑くて
낫다 治る	➡	낫고 治って	나수면 治れば	나사서 治って

なお、「ㅂ」変則用言で語幹が「춥 -」、「덥 -」のように、1音節になっている場合は「- 어」系列の語尾が付きますが、「더럽 -」のように2音節以上の場合、「- 아」系列の語尾が付きます。また、「곱다」の場合は1音節でも「- 아」系の語尾が付きます。

TR-19

더럽다 汚い ➡ 더러바서 汚くて

시끄럽다 うるさい ➡ 시끄러바서 うるさくて

곱다 きれいだ ➡ 고바서 きれいで

2.「이」母音に同化

先行の母音が後続する母音「이」の影響を受けて「이」に同化する現象があります。

TR-20

잡히다 捕まる ➡ 잽히다　고기 肉、魚 ➡ 괴기 ➡ 게기

3. 語頭が濃音化する

濃音化とは、先行するパッチムの[k、t、p]音のせいで、次に来る子音[ㄱ、ㄷ、ㅂ、ㅅ、ㅈ]が[ㄲ、ㄸ、ㅃ、ㅆ、ㅉ]になることなどを指します。これが釜山マルでは、本来濃音で発音される環境でないにもかかわらず、語頭が濃音になることがあります。こういう語頭の濃音は釜山マルが激しい印象を持たれる大きな原因となっています。

TR-21

고추 唐辛子 ➡ 꼬추　던지다 投げる ➡ 떤지다

4.「ㄴ」が挿入される

「ㄴ挿入」とは、パッチムで終わる単語の後に、「이、야、여、요、유」で始まる単語が結合する場合に「ㄴ」が挿入され、「니、냐、녀、뇨、뉴」と発音されることを指しますが、釜山マルでは、これとは違う環境でも「ㄴ」が挿入されることがあります。下の単語は二つの単語が連結されたわけではなく、本来「ㄴ」の挿入は起こらないはずなのですが、[처년]ではなく[천년]と、[피료]ではなく[필료]と発音されます。

TR-22

천연 天然 ➡ 천년　　필요 必要 ➡ 필뇨 ➡ 필료

5.「ㄴ」が脱落する

4の「ㄴ」挿入とは逆に、「ㄴ」が脱落する現象があります。「ㄴ」が脱落することによって、音のイメージが鮮明でなく、ぼやけているように聞こえることもあります。

TR-23

많이（たくさん）➡ 마니 ➡ 마이

그만（いい加減に）➡ 고만 ➡ 고마

チャレンジ4 釜山マルの音韻変化を使って発音してみましょう。 TR-24

① **고마워서** ありがたくて　② **질기다**（肉などが）堅い

③ **병아리** ひよこ　④ **전염** 伝染　⑤ **아니다** 違う

5 文法

文末表現

日本語でもそうですが、方言の特徴が最もはっきり表れるのは文末表現においてです。釜山マルでも、独特な終結語尾や表現が使われています。例えば「**어디 가?**（どこへ行くの？）」というパンマルでも、ソウルマルでは「**어디 가니?**」「**어디 가냐?**」など使い分けることで微妙なニュアンスを出せるのに対し、釜山マルではいつも「**으데 가노?**」一本です。つまりヤクザであろうがうら若き女子大生であろうが表現自体は同じになるので、今までソウルマルだけを勉強してきた人にとっては少々戸惑いがあるかもしれません。

1. 丁寧形「요」➡「예」

TR-25

標準語でよく使われる丁寧さを表す「**요**」は「**예**」になります。従って、丁寧形の語尾「**-아/어요**」も「**-아/어예**」になります。「**예**」の部分のイントネーションを上げることで疑問を表すことができます。

① **잘 모르겠는데예.**　잘 모르겠는데요.
よく分かりません。

② **머 드리까예?**　뭐 드릴까요?
何を差し上げましょうか（何になさいますか）？

③ **쪼매 비싼데예.**　조금 비싼데요.
ちょっと高いんですが。

2. 丁寧形「예요/이에요」➡「라예/이라예」

TR-26

釜山マルでは、名詞に付く「**이다**」の丁寧形「**이에요**」は「**이라예**」に、「**예요**」は「**라예**」になります。「**라예/이라예**」の「**예**」部分のイントネーション

を上げることで疑問文になります。

① **지 친구라예.** 제 친구예요.
私の友達です。

② **이기 그 유멩한 동래 파전이라예.**
이게 그 유명한 동래 파전이에요.
これが、あの有名な東莱のネギチヂミなんですよ。

③ **저 게기 이름이 머라예?** 저 고기 이름이 뭐예요?
あの魚、名前は何ですか?

3. 丁寧形「-ㅂ/습니다」➡「-ㅁ/심니더」

TR-27

かしこまった丁寧形の語尾「-ㅂ/습니다」は、釜山マルでは「-ㅁ/심니더」になります。さらに縮約されて「-ㅁ/심더」と発音されることもあります。

① **할매, 지 왔심니더.** 할머니, 저 왔습니다.
おばあさん、こんにちは(私、来ましたよ)。

② **아부지는 잘 게심더.** 아버지는 잘 계십니다.
父は元気です。

③ **헤사 잘 댕기고 있심더.** 회사 잘 다니고 있습니다.
会社で頑張っています(会社にちゃんと行っています)。

4. 丁寧形疑問文「-ㅂ/습니까?」➡「-ㅁ/심니꺼?」

TR-28

丁寧に質問するときに使われる「-ㅂ/습니까?」は、釜山マルでは「-까」の部分が「-꺼」と発音されます。

① **게심니꺼?** 계십니까?
いらっしゃいますか?

② **와 이람니꺼?** 왜 이럽니까?
何でこんなことするんですか?

5. 丁寧形疑問文「-능교?」「-(으)ㅇ교?」

TR-29

「-능교?」「-(으)ㅇ교?」も丁寧な疑問文に使われますが、「-ㅁ/심니꺼」よりは丁寧さが低いです。動詞や、過去を表す「-았/었-」の次には「-능교?」、名詞や形容詞の次には「-(으)ㅇ교?」が来ます。

① **머 하능교?**　뭐 하세요?
何をしていますか？

② **밥 뭇능교?**　밥 먹었어요?
ご飯、食べましたか？

③ **이게 멍교?**　이게 뭐예요?
これ、何ですか？

6. 確認「아닙니까?」➡「아임니꺼?」「-잖습니까?」➡「-다 아임니꺼?」

TR-30

釜山の人の話を聞いていると、よく聞こえてくるのが、「아임니꺼?」という文末表現です。これは「아닙니까?(じゃないですか?)」の닙から「ㄴ」が脱落した形で発音が異なるだけですが、標準語で「-잖습니까? (～するじゃないですか?)」と言う場合に「-다 아임니꺼?」と表現することがあるのが大きな違いです。

① **사람 사는 기 다 그런 거 아임니꺼?**
사람 사는 게 다 그런 거 아닙니까?
人生なんて、そんなもんではありませんか？

② **지가 바로 자갈치 아지매 아임니꺼?**
제가 바로 자갈치 아줌마잖아요?
私がまさにチャガルチ(市場の)おばさんじゃありませんか？

③ **우찌나 웃기든지 우리 다 디비짔다 아임니꺼?**
어찌나 웃기던지 우리 다 뒤집어졌잖습니까?
どんなに面白かったかって、私たちみんな転げたじゃないですか？

7. 命令「-(으)세요」➡「-(으)이소」

TR-31

「～してください」の意味を表す「-(으)세요」は、釜山マルでは「-(으)이소」になります。「-(으)소」と言う場合もありますが、「-(으)이소」に比べて、無愛想、あるいは強圧的な感じがあります。ちなみに、釜山で有名な水産市場、チャガルチ市場のキャッチフレーズは「오이소! 보이소! 사이소! (いらっしゃい！　ご覧ください！　買ってください！)」です。

① **어서 오이소.** 어서 오세요.
いらっしゃいませ。

② **마이 파이소.** 많이 파세요.
たくさん売ってください。

③ **수고하이소.** 수고하세요.　※釜山マルでは、「욕보이소」と言ったりもします。
頑張ってください。

8. 勧誘「-(으)ㅂ시다」➡「-(으)입시더」

TR-32

勧誘を表す「-(으)ㅂ시다 (～しましょう)」は、釜山マルでは「이」を挿入した「-(으)입시더」の形になります。

① **헹님이 좋다믄 마 그라입시더.** 형님이 좋다면 그냥 그렇게 합시다.
兄貴がいいというなら、まあ、そうしましょう。

② **담에 얼굴이라도 함 보입시더.** 다음에 얼굴이라도 한번 봅시다.
今度、顔でも一度合わせましょう。

③ **퍼뜩 묵으입시더.** 빨리 먹읍시다.
早く食べましょう。

チャレンジ5 釜山マルの文法で書き換えてみましょう。

① **생각이 안 나는데요.**
思い出せません。

② **제 어머니예요.**
私の母です。

③ **인사가 늦었습니다.**
あいさつが遅くなりました。

④ **어디 가십니까?**
どこかお出掛けですか？

⑤ **안녕하세요?**
こんにちは。

⑥ **이 영화 너무 재미없잖아요?**
この映画すごくつまらないじゃないですか？

⑦ **좀 깎아 주세요.**
まけてください。

⑧ **나랑 같이 갑시다.**
私と一緒に行きましょう。

9. パンマル形「-ㄴ/는다, -다」

TR-33

標準語にはぞんざいな言葉遣いにも、パンマルの「-아/어」と下称形の「-ㄴ/는다, -다」の区別がありますが、釜山マルではこのような区別をせずに「-ㄴ/는다, -다」とひとまとめに表現します。

① **옴마야, 배고프다!**　어머, 배고파 / 배고프다!
ああ、おなかすいた！

命令文も、「-아/어라」で表現しますが、用言が「오다」を含む場合だけ形が異なり「온나」になります。

② **내일 시험 잘 바라.** 내일 시험 잘 봐 / 봐라.
明日試験頑張って(頑張りな)。

③ **일로 온나.** 이쪽으로 와 / 와라.
こっちに来て(おいで)。

10. 疑問詞疑問文「(動詞・形容詞・存在詞) + -노?」 TR-34

「-노」は標準語の「-아/어」「-냐」「-니」に該当する、疑問を表す終結語尾ですが、疑問詞に対する説明を要求するときに使います。これは疑問詞のところの抑揚が低調なのが特徴です。また、過去形の場合は、①のように過去の表示である「-드-」と一緒に使われたりすることもあります。このときの意味は「-았/었어?」になります。

① **내가 언제 그런 말 하드노?** 내가 언제 그런 말 했어?
私がいつそんなことを言ったの?

② **와 그라노?** 왜 그래?
なぜなんだ?

③ **어떡하노? / 우짜노?** 어떡해?
どうしよう?

④ **미안한 기 어딨노?** 미안한 게 어딨어?
すまないなんてことあるか?(気にすることないよ)

11. 疑問詞疑問文「(이다) + -고?」 TR-35

説明を要求する疑問詞がある文で、「名詞+이다」の構成になっている場合は、「-노」の代わりに「-고」を使います。これはソウルマルの「-(이)야?」に当たります。けんか腰に言うときには「-고」を「-꼬」と強く発音します。

① **야가 누고?** 애가 누구야?
この子は誰だ?

② **느그 집 으데고?** 너네 집 어디야?

君の家、どこだい？

③ **이기 머꼬(멋고)?** 이게 뭐야?

これ、（一体）何だ？

④ **멧 살이고?** 몇 살이야?

何歳だ？

チャレンジ6 釜山マルの文法で書き換えてみましょう。

① **나도 개불 잘 먹어.**

僕もケブル（→P.091）、よく食べるよ。

② **이거 얼마 줬어?**

これ、いくら払ったの？

③ **너 어디 살아?**

あんた、どこに住んでいるの？

④ **결혼식이 언제야?**

結婚式はいつなの？

⑤ **이게 얼마만이야?**

何年ぶりなの？

12. Yes/No疑問文「(動詞・形容詞・存在詞) + -나?」 TR-36

「-나」は疑問詞がない疑問文に使われる終結語尾です。

① **밥 뭇나?** 밥 먹었어?

ご飯、食べたの？

② **죽고 싶나?** 죽고 싶나?

死にたいか？

③ **아부지 게시나?** 아버지 계셔?

お父さんいらっしゃるの？

④ **그런 것도 할 줄 아나?** 그런 것도 할 줄 알아?
そんなこともできるの？

10の疑問詞疑問文では「**-노**」を使うことについて学びましたが、疑問詞に対する説明を要求しないとき、つまり「Yes/No」で答えられる質問の場合は、疑問詞があっても「**-나**」を使います。こういう場合は疑問詞の部分の抑揚を高調で発音することを注意しましょう。

⑤ **오늘 누구 만나나?** 오늘 누구 만나?
今日、誰かにでも会うの？

⑥ **누가 머라카드나?** 누가 뭐라고 했어?
誰かが、何か言ったの？

13. Yes/No疑問文「(이다) ＋ -가?」

TR-37

「Yes/No」疑問文で、「名詞＋**이다**」構成の場合は終結語尾「**-가**」を使います。

① **자가 느그 헹이가?** 재가 네 형이니?
あの子がお前の兄貴なの？

② **내가 니 시다바리가?** 내가 네 종이냐?
俺がお前のパシリ（子分）か？

③ **그런 실수를 하게 내가 바보가?** 그런 실수를 하게 내가 바보냐?
あんな失敗をするなんて、俺はあほか？

チャレンジ7 釜山マルの文法で書き換えてみましょう。

① **잘 지내?**
元気？

② **밖에 비 와?**
外は雨降っているの？

③ **제정신이야?**
本気で言っているの？

④ **정말이냐?**
本当かよ？

14. 親密感を表す「-이」

TR-38

パンマルの文末に「-이」を付けると、相手の関心を引き寄せ、こちらの愛情を示すことになり、とても親密な雰囲気をつくります。ある程度親しい間柄で使えます。

① **내 간대이.** 나 간다.
私、帰るよ。

② **잘 있거래이.** 잘 있어.
元気でね。

15. 確認「-지?」➡「-제?」

TR-39

確認するときに使う「-지（〜するだろう）?」は釜山マルでは「-제?」になります。

① **잊어삔 거 없제?** 잊어버린 거 없지?
忘れ物はないだろう？

② **공부 잘 하고 있제?** 공부 잘 하고 있지?
一生懸命に勉強しているんだろう？

③ **할배는 건강하시제?** 할아버지는 건강하시지?
おじいさんはお元気でしょう？

16. 確認「(名詞) + 아이가」「-다 아이가」 TR-40

釜山の人が話すのを聞いていると、よく耳にするのが「**아이가**」です。この否定表現は、例の①に見られるように、ある場合には結束を、また、ある場合には相手への非難を強める効果があります。

① **우리 친구 아이가.** 우리 친구잖아.
俺たち、友達じゃないか。

② **니가 그랬다 아이가.** 네가 그랬잖아.
お前がそう言ったんじゃないか。

17. 引用「-고 하다」➡「-카다」 TR-41

「〜するそうだ」などの引用を表す「動詞+-ㄴ/는다고 하다」「形容詞+-다고 하다」「名詞+라고 하다」の「-고 하다」は、釜山マルでは縮約され「-카다」になります。

① **친구도 간다캅니더.** 친구도 간다고 합니다.
友達も行くそうです。

② **머라카노?** 뭐라고 하니?
何と言っているの？

③ **내가 그캤다 아이가.** 내가 그랬잖아.
私が言ったじゃない。

18. 回想「-더구만」➡「-드만」 TR-42

回想を表す「**-더구만**(〜していたな)」は、釜山マルでは「**-드만**」になります。

① **어제는 지 혼자 다 묵드만.** 어제는 저 혼자 다 먹더구만.
昨日は自分一人で全部食べていたよ。

② **아부지가 욕 마이 보시드만.** 아버지가 수고 많이 하시더구만.
お父さんがとても苦労されていたよ。

19. 質問・推測「-(으)ㄹ까」➡「-(으)까」 意志「-(으)ㄹ게」➡「-(으)께」

TR-43

質問や推量を表す「-(으)ㄹ까（～するだろうか、～しようか）」は釜山マルでは「-(으)까」に、意志や約束を表す「-(으)ㄹ게（～するよ）」は「-(으)께」になります。ソウルマルでは「ㄹ」が入るところを、釜山マルでは「ㄹ」を脱落させて発音するわけです。

① **니가 말하기 머하믄 내가 하까?** 네가 말하기 뭐하면 내가 할까?
君が言うのがまずければ、僕が言おうか。

② **퍼뜩 갔다오께.** 빨리 갔다올게.
すぐ行ってくる。

20. 意志「-(으)련다」➡「-(으)ㄹ란다」

TR-44

意志の表現「-(으)련다（～しようとする）」は、釜山マルでは「-(으)ㄹ란다」になります。

① **내 함 열심히 해 볼란다.** 나 한번 열심히 해 보련다.
私、一度頑張ってやってみるよ。

② **그런 뇌물은 안 받을람니더.** 그런 뇌물은 안 받으렵니다.
そんな賄賂は受け取れません。

③ **같이 갈람니꺼?** 같이 가렵니까?
一緒に行きますか？

21. 要求の「-아/어 줘」➡「-아/어 도」 TR-45

要求の「-아/어 줘（～してくれ）」は「-아/어 도」になります。この表現を使った言葉に、釜山の男性がプロポーズするときに使う「**내 아를 낳아 도**」がありますが、これは「俺の子どもを産んでくれ」という意味で、お笑い番組で紹介されて以来全国的にヒットし、映画『**해운대**（邦題：TSUNAMI—ツナミ—）』でもソル・ギョングがハ・ジウォンにプロポーズするシーンで使われていました。

① **밥 도.** 밥 줘.
ご飯、ちょうだい。

② **쪼매만 도아도.** 조금만 도와줘.
ちょっとだけ助けてくれ。

③ **이거 쪼매 빌리 도.** 이거 좀 빌려 줘.
これ、ちょっと貸して。

22. 試みを表す「-아/어 봐」➡「-아/어 바라」 TR-46

「～(し)てみて」という意味の「-아/어 봐(봐라)」は、釜山マルでは「-아/어 바라」になります。

① **이거 함 무 바라.** 이거 한번 먹어 봐.
これ、一度食べてみろ。

② **도 바라.** 줘 봐.
貸してみろ。

23. 推測「-는/(으)ㄴ가 봐」➡「-는/(으)ㄴ갑다」「-는/(으)ㄴ가베」 TR-47

推量を表す「-는/(으)ㄴ가 봐(보다)（～するみたいだ）」は、平叙文では「-는/(으)ㄴ갑다」の形を取り、疑問文では「-는/(으)ㄴ가베」になります。

① **비가 올란갑다.** 비가 오려는가 봐.
雨が降りそうだね。

② **그런갑다.** 그런가 봐.
そうみたいね。

③ **자들 겔혼했는가베?** 재들 결혼했는가 봐?
あいつら結婚したみたいだな？

④ **니 마이 힘든가베?** 너 많이 힘든가 봐?
あなた、大変みたいね？

24. 行為の完了「-아/어 버리다」➡「-아/어 뿌다」「-아/어 삐다」

TR-48

「-아/어 버리다（〜してしまう）」は、釜山マルでは「-아/어 뿌다」「-아/어 삐다」のように縮約して発音します。従って「-아/어 버렸다」は「-아/어 뿠다」「-아/어 삤다」に、「-아/어 버리겠다」は「-아/어 뿌겠다」「-아/어 삐겠다」になります。釜山の人は言葉を縮めて話す習慣があり、①の「선생님」を「샘」に縮約するような単語レベルにとどまらず、接続の表現までも短くしてしまいます。

① **샘 가 뿠다.** 선생님 가 버렸다.
先生、行っちゃった。

② **영화 끝나 삐겠다.** 영화 끝나 버리겠다.
映画、終わりそう。

チャレンジ8 釜山マルの文法で書き換えてみましょう。

① **잘 자라.**
お休み。

② **많이 힘들지?**
大変だろ？

③ **얘가 우리 딸이잖아.**
この子が私の娘なのよ。

④ **내가 언제 니 좋다고 했어?**
俺がいつお前が好きだと言った？

⑤ **걔 말 한번 잘 하더구만.**
あいつ、うまく言ったもんだ。

⑥ **내일 전화할게.**
明日電話するよ。

⑦ **이제 슬슬 가 보렵니다.**
そろそろ帰ることにします。

⑧ **돈 좀 빌려 줘.**
お金、貸してくれ。

⑨ **이리 와 봐.**
ちょっとこっちに来てみろ。

⑩ **집도 사고 돈 많이 버는가 봐?**
家も買って、金をずいぶん稼いでいるみたいだね？

⑪ **빨리 해 치워 버려.**
さっさとやっちまえ。

25. 理由・根拠「-(으)니」「-(으)니까」➡「-(으)이」 TR-49

理由や根拠、前提を表す「-(으)니、-(으)니까（～するから）」は、釜山マルでは「-(으)이」になります。また「-아/어 놓으니까」を「-아/어 노이」と言います。

① **찬차이 보이 예뿌네.** 찬찬히 보니까 예쁘네.
よく見たら、かわいいね。

② **내가 간다카이 지도 간다카네.**
내가 간다고 하니까 자기도 간다고 하네.
俺が行くと言ったら、自分も行くってさ。

③ **니가 그런 소릴 해 노이 일이 일케 데 삤다 아이가.**
네가 그런 소리를 해 놓으니까 일이 이렇게 돼 버렸잖아.
お前があんなことを言うから、事がこんなふうになってしまったじゃないか。

26. 条件・仮定「-(으)면」➡「-(으)믄」 TR-50

条件や仮定を表す「-(으)면(～したら)」は、釜山マルでは「-(으)믄」になります。「-(으)믄」は単独で使われる場合だけでなく、「-(으)ㄹ라믄」のように他の語尾に後続する場合も同じです。

① **니 자꾸 그라믄 클난대이.** 니 자꾸 그러면 큰일 난다.
お前、そんなことばかりしてたら、大変なことになるぞ。

② **니 말대로 하믄 머 좋은 일 있나?**
네 말대로 하면 뭐 좋은 일 있나?
お前の言うとおりにすると、何かいいことでもあるのか。

③ **이거 입으믄 데기 따시대이.** 이거 입으면 되게 따뜻해.
これを着るとすごく暖かいよ。

27. 意図「-(으)려고」➡「-(으)ㄹ라꼬」「-(으)려면」➡「-(으)ㄹ라믄」

TR-51

ある行為の意図やこれから起きる動きを表す語尾「-(으)려 (〜しようと)」について、釜山マルでは、子音「ㄹ」を添加して「-(으)ㄹ라」と言う習慣があります。この釜山マルの習慣は最近標準語でもよく見られ、「가려고 해요」と言うところを「갈려고 해요」と言ったりします。

① **니가 알아서 머 할라꼬?** 네가 알아서 뭐 하려고?
あなたが知って、どうするつもり?

② **니 줄라꼬 샀는데.** 너 주려고 샀는데.
あなたにあげようと思って買ったんだけど。

③ **갈라믄 가라메. 안 잡는다.** 가려면 가려무나. 안 잡는다.
行きたいんだったら、行ったら。止めないよ。

④ **지짐 묵을라믄 니도 이 정구지 좀 씻어라.**
부침개 먹으려면 너도 이 부추 좀 씻어.
チヂミ食べるなら、あんたもちょっとこのニラ洗ってよ。

28. 行為の中断・変更「-(으)려다가」➡「-(으)ㄹ라카다」

TR-52

ある意図や目的の下の行為が中断したり変わったりした場合に、標準語では「-(으)려다가 (〜しようとして)」を用います。これは「-(으)려고 하다가」が縮約された形ですが、釜山マルではこれを「-(으)ㄹ라카다」と縮約して表現します。

① **가 삘라카다 마 참았다.** 가 버리려고 하다가 그냥 참았다.
そのまま行っちゃおうかと思ったけど、まあ、我慢した。

② **전화할라카다 늦어서 고마 잤다.**
전화하려다가 늦어서 그만 잤다.
電話しようかと思ったけど、遅かったのでそのまま寝ちゃった。

29. 理由・時間的順序「-아/어서」➡「-아/어가(꼬)」

🔊TR-53

標準語で理由や原因、時間の順序を表すときに使う語尾の一つが「-아/어서(～するので、～して)」。これは「-아/어 가지고」の形でも使われますが、釜山マルではどちらの場合も「-아/어가(꼬)」と表現します。釜山マルでは「-아/어서」はあまり使われません。

① **비가 억수로 와가 출발이 늦어 뺐다.**
비가 엄청 와서 출발이 늦어 버렸다.
雨がすごく降ったので、出発が遅くなってしまった。

② **어제 술을 너무 마이 무가꼬 필림이 다 끊기 뺐다.**
어제 술을 너무 많이 먹어 가지고 필름이 다 끊겨 버렸다.
昨日、お酒を飲みすぎて、記憶（フィルム）が全部切れてしまった。

30. 意図・目的「-게」➡「-구로」

🔊TR-54

相手の意図を尋ねる終結語尾の「-게（～するのか、～するつもりか）」や目的などを表す連結語尾「-게（～するように）」は、釜山マルでは「-구로」になります。

① **그리 뻬 빠지게 일해가 머 하구로?**
그렇게 뼈 빠지게 일해서 뭐 하게?
そんなに骨が折れるまで働いて、どうするつもり？

② **밥 묵구로 퍼뜩 온나.** 밥 먹게 빨리 와.
食事するんだから、早く来て。

チャレンジ9 釜山マルの文法で書き換えてみましょう。

① **네가 그렇게 하니까 나도 생각이 나네.**
お前がそう言うから、俺も思い出したよ。

② **이렇게 하면 돼?**
こんなふうにすればいい？

③ **나도 일본에 한번 가 보려고.**
僕も日本に一度行ってみようと（思ってね）。

④ **그 돈 다 어디 쓰려고?**
そのお金、どこに使うつもりなんだい？

⑤ **확 뒤집어 버리려다 관뒀다.**
バーンとひっくり返してやろうと思ったけど、やめといた。

⑥ **고기를 상추에 싸서 먹어 보세요.**
肉をサンチュに包んで食べてみてください。

⑦ **생각해 보게 시간을 좀 줘.**
考えてみるから、ちょっと時間をくれ。

6 語彙

釜山マルの語彙には、標準語と発音が似ていて意味が推測できるものもあれば、ぜんぜん見当もつかないものもあります。ここで紹介するものは、釜山でよく使われる釜山マル独特の言葉です。

1. 名詞 TR-55

가 걔 その子

가시나 계집아이 女の子

고집디이 고집쟁이 意地っ張り

국시 국수 そうめん

나 나이 年

농띠 잔꾀 浅知恵、猿芝居

누부 누나 （弟からみた）お姉さん

느그 너네 お前（の）

니 너 お前

머시마 사내아이 男の子

무시 무 大根

성 / 헹 형 （弟からみた）お兄さん

아 아이 子ども

아부지 아버지 お父さん

알라 / 얼라 어린애 子ども

야 얘 この子

어무이 어머니 お母さん

여 여기 ここ

우 위 上

은덕빼기 언덕 丘

자 쟤 あの子

주리 거스름돈 釣り銭

짬보 울보 泣き虫

천지빼까리
엄청 많은 모양 とても多いこと

포 표 チケット

할매 할머니 おばあさん

할배 할아버지 おじいさん

2. 疑問詞 TR-56

누 누구 誰

머 뭐 何

으데 어디 どこ

와 왜 なぜ

3. 用言 TR-57

갈키다 가르치다 教える

개한타 괜찮다 大丈夫だ

글타 그렇다 そうだ

까데기 치다

작업 걸다 ナンパする

까리하다 멋있다 かっこいい

깔롱 지기다

애교를 떨다, 멋 부리다

愛嬌を振りまく、おしゃれする

꼬시다 고소하다 香ばしい

끼루다

(자물쇠를) 열다 （鍵を）開ける

남사시럽다 부끄럽다 恥ずかしい

널찌다 떨어지다 落ちる

농구다 남기다 残す

댕기다 다니다 通う

댕기오다 다녀오다 行ってくる

데다 힘들다 疲れる

디비다 뒤집어엎다 ひっくり返す

디지다 죽다 死ぬ

땡기다 마음이 내키다 気が進む

띠다 뛰다 走る

맛나다 맛있다 おいしい

머라하다 야단치다 叱る

몬하다 못하다 できない

묵다 먹다 食べる

비다 보이다 見える

뿌수다 부시다 壊す

시껍먹다 야단맞다 叱られる

시껍하다 놀라다 びっくりする

쎄빠지다 힘들다 しんどい

씨다 세다 強い

씨부리다

지껄이다 しゃべりちらす

아이다 아니다 違う

애비다 야위다 痩せる

엄따 없다 ない、いない

영파이다

꼭 닮다, 똑같다 そっくりだ

욕보다

수고하다 手間をかける、大儀だ

우리하다

욱신욱신하다 ずきずきする

우야다 어쩌다 どうする

자불다 졸다 居眠りする

지기다 끝내주다, 죽이다 最高だ

짜다 울다 泣く

짭다 짜다 塩辛い

쪼맨하다 작다 小さい

해꼽다 가볍다 軽い

헐타 싸다 安い

4. 副詞 TR-58

고마 그만 いいかげん

난주 나중에 後で

단디 단단히 しっかりと

대끼리 최고 最高

데기 되게 とても

마이 많이 たくさん

매매 꼼꼼히 丁寧に

몬 못 ～できない

베짜 괜히 いたずらに、やたらに

쎄리 냅다, 막 いきなり、激しく

아즉 아직 まだ

억수로 대단히 ずいぶん、大変

얼쭈 거의 ほとんど

엉가이 어지간히 いい加減に

엉캉 엄청 とっても

인자 이제 もう

쪼롬하이 나란히 並んで

쪼매 조금 少し

퍼뜩 얼른 / 빨리 速く

하모 물론 もちろん

하야이 하얗게 白く

항거 듬뿍 いっぱい

후떡 빨리 早く

5. 助詞 TR-59

꺼정 까지 ～まで

맹키로 처럼 ～みたいに

빼끼 밖에 ～しか

캉 하고 ～と

6. その他 TR-60

거서 거기서 そこで、そこから

글타카이 그렇다니까 そうだよ

땜시 때문에 ～のせいで

맞나 그래 そう

전신에 온통 すべて（全身）

여서 여기서 ここで

チャレンジの解答

P.024 チャレンジ5

① 생각이 안 나는데예. ② 지 어무이라예. ③ 인사가 늦었심니더.
④ 으데 가심니꺼? ⑤ 안녕하싱교?
⑥ 이 영화 억수로 재미없다 아임니꺼?
⑦ 쪼매 깎아 주이소. ⑧ 내캉 같이 가입시더.

P.026 チャレンジ6

① 내도 개불 잘 묵는다. ② 이거 을마 줏노? ③ 니 으데 사노?
④ 겔혼식이 은제고? ⑤ 이기 을마마이고?

P.028 チャレンジ7

① 잘 지내나? ② 밖에 비 오나? ③ 지정신이가?
④ 진짜가(정말이가)?

P.033 チャレンジ8

① 잘 자래이. ② 마이 힘들제? ③ 야가 우리 딸내미(딸) 아이가.
④ 내가 언제 니 좋다카드노? ⑤ 가 말 함(한번) 잘 하드만.
⑥ 내일 전화하께. ⑦ 이자 마 가 볼람니더.
⑧ 돈 쪼매 빌려(빌리) 도. ⑨ 이리(여) 와 바라.
⑩ 집도 사고 돈 마이 버는가베? ⑪ 퍼뜩 해 치아 뿌라/삐라.

P.037 チャレンジ9

① 니가 그라이 내도 생각이 난다. ② 이라믄 데나?
③ 내도 일본에 함(한번) 가 볼라꼬. ④ 그 돈 다 으데 쓸라꼬?
⑤ 칵 디집어 뻴라카다 말았다.
⑥ 게기를 상추에 싸가꼬 묵어 보이소.
⑦ 생각해 보구로 시간 쪼매 도.

第2章

今すぐ使える！

釜山マル実用フレーズ集

フレーズ集 1

TR-61

あいさつなど

釜山で出会う人々とのコミュニケーションも、まずはあいさつから。釜山マルのあいさつは標準語と大きく変わりませんが、中には独特なものもあります。その他にも基本的な意思表示の表現を学びます。

おはようございます／こんにちは／こんばんは。

안녕하싱교?

안녕하세요? ☞5-5

! 1日のどの時間帯にでも使えるあいさつです。

すみませんが、もう一度言ってください。

제송한데예, 한 번 더 말씀해 주이소.

죄송한데요, 한 번 더 말씀해 주세요. ☞3-7/5-1/5-7

下関から来ました。

시모노세키에서 왔어예.

시모노세키에서 왔어요. ☞5-1

釜山は初めてです。

부산은 처음이라예.

부산은 처음이에요. ☞5-2

標準語（ソウルマル）はあまり話せません。

서울말은 잘 몬해예.

서울말은 잘 못해요. ☞5-1

! 釜山マルでは못하다が몬하다になります。

ご苦労さまです。

욕보심니더.

고생 많으십니다. ☞5-3

❗ 욕(을) 보다はもともと「ひどい目に遭う」という意味ですが、釜山マルでは수고하다や고생이 많다の意味で用います。

ありがとうございます。

고맙심니더.

고맙습니다. ☞5-3

いいえ、とんでもないです。

아이고, 우데예.

아뇨, 별말씀을요. ☞5-1

さようなら（去るとき）。

안녕히 게시이소.

안녕히 계세요. ☞3-7/5-7

さようなら（見送るとき）。

안녕히 가이소.

안녕히 가세요. ☞5-7

おやすみなさい。

안녕히 주무이소.

안녕히 주무세요. ☞5-7

🔊TR-62

はい。

예.

예.

❗ 音声でソウルマルとの発音の違いを聞き分けてみましょう。

いいえ。

아니예.

아니요. ☞5-1

分かりました。

알았심니더.

알았습니다. ☞5-3

❗ 丁寧さを表す요に当たる釜山マルは예ですが、ソウルマルの요よりも丁寧さの度合いが少し低いので、釜山マルでは-ㅁ/심니더を用いることも多いです。

分かりません。

모르겠심니더.

모르겠습니다. ☞5-3

申し訳ありません。

제송함니더.

죄송합니다. ☞3-7/5-3

ごめんなさい。

미안해예.

미안해요. ☞5-1

大丈夫です。

개한아예.

괜찮아요. ☞5-1

だめです。

안데예.

안돼요. ☞3-7/5-1

結構です。

됐어예.

됐어요. ☞3-7/5-1

いいです。

좋아예.

좋아요. ☞5-1

嫌です。

싫어예.

싫어요. ☞5-1

いえいえ。

말라꼬예.

아니에요. / 괜찮아요. ☞5-1/5-27

❗ 遠慮したり辞退するときに使う表現です。手のひらを振りながら言うといいです。

フレーズ集 2

TR-63

疑問など

釜山マルの 5W1H について見てみます。疑問詞を使った表現は標準語と大分異なることが見て分かるはずです。丁寧語の疑問表現の他に、ぞんざい語の疑問表現、受け答え表現も収めておきました。

いつですか？

은제라예?

언제예요?

☞3-5/5-2

どこですか？

으데라예?

어디예요?

☞3-5/5-2

何ですか？

머라예?

뭐예요?

☞3-7/5-2

そうですか？

그래예?

그래요?

☞5-1

なぜですか？

와예?

왜요?

☞5-1

どうですか？

으때예?

어때요?　☞3-5/5-1

どういう意味ですか？

먼 뜻인데예?

무슨 뜻이에요?　☞5-1

誰ですか？

누궁교?

누구예요?　☞5-5

いくらですか？

을마라예?

얼마예요?　☞3-5/5-2

どうやってやりますか？

우짬니꺼?

어떻게 해요?　☞5-4

❗ 우짬니꺼?はソウルマルの어찌합니까?の釜山マルです。

そうしましょう。

그라입시더.

그럽시다.　☞5-8

TR-64

そう？

맞나?

パ 그래? / 정말? ☞5-12

❗ 相づちを打つときと聞き返すときの両方で使えます。

そうだとも。

하모.

パ 그럼.

❗ 強い肯定を表す相づちの言葉です。

本当？

진짜가?

パ 진짜? ☞5-13

❗ 釜山マルでは정말よりも진짜を多く使う傾向があります。

うそでしょ？

거짓말이제?

パ 거짓말이지? ☞5-15

どうしよう。

우야꼬.

パ 어떡해.

あり得ない！

말또 아이다!

パ 말도 안돼! ☞4-5

❗ 助詞の～도が濃音になっていることに注目！ 釜山マルでは強調のために도を強く発音して、濃音になりがちです。

それで？

그래가?

パ 그래서?　☞5-29

そうだよね。

글타카이.

パ 그렇다니까.　☞5-17/5-25

！標準語の그렇다고 하니が글타꼬 하이になり、さらに縮約された形です。

何だって？

머라꼬?

パ 뭐라고?　☞3-7

！標準語の-는다고や-라고に現れる引用の고は、釜山マルでは濃音化して꼬となります。

どうしたの（何でそうするの）？

와 그라노?

パ 왜 그래?　☞5-10

何だって（何て言ってた）？

머라카노?

パ 뭐래?　☞3-7/5-10/5-17

！머라꼬 하노が縮約された釜山マルです。

もういいよ。

고마 됐다.

パ 그만 됐어.　☞3-7/4-5

！고마は그만の釜山マルです。

フレーズ集 3 観光

TR-65

釜山での観光に役立つ旅行会話表現を集めました。海と山に囲まれた釜山には観光名所が多くあります。どこに行っても、釜山マルで話し掛けて、観光を２倍楽しんでみましょう！

ここはどこですか？

여는 으뎅교?

여기는 어디예요? ☞3-5/5-5

道を教えてください。

길 쫌 갈차 주이소.

길 좀 가르쳐 주세요. ☞5-7

歩いて行くことができますか？

걸어서 갈 수 있어예?

걸어서 갈 수 있어요? ☞5-1

バス乗り場はどこですか？

버스 정류장은 으뎀니꺼?

버스 정류장은 어디예요? ☞3-5/5-4

西面行きのバスはどれですか？

서면 가는 버스는 으떤 긴데예?

서면 가는 버스는 어느 거예요? ☞3-5/5-1

ソウル行き（の切符）を1枚ください。

서울행 한 장 주이소.

서울행 한 장 주세요. ☞5-7

片道いくらですか？

펜도는 을만가예?

편도는 얼마예요? ☞3-5/3-6/5-1

終列車は何時ですか？

마지막 열차는 멧 신가예?

마지막 열차는 몇 시예요? ☞3-6/5-1

間に合いませんでした（時間を守れませんでした）。

시간을 몬 지켰어예.

시간을 못 지켰어요. ☞5-1

どこで乗り換えればいいですか？

으데서 갈아타믄 데는데예?

어디서 갈아타면 되는데요? ☞3-5/3-7/5-1/5-26

国際市場は何番出口ですか？

국제시장은 멧 번 출구라예?

국제시장은 몇 번 출구예요? ☞3-6/5-2

TR-66

タクシー呼んでください。

택시 불러 주이소.

택시 불러 주세요. ☞5-7

ロッテホテルまでお願いします。

롯데호텔까지 가입시더.

롯데호텔까지 갑시다. ☞5-8

ここで止めてください。

여서 세아 주이소.

여기서 세워 주세요. ☞5-7

登山するにはどの山がいいでしょうか？

등산할라카믄 으데가 좋은데예?

등산하려면 어디가 좋아요? ☞3-5/5-1/5-27

写真1枚撮ってください。

사진 한 장 찍어 주이소.

사진 한 장 찍어 주세요. ☞5-7

釜山は坂道が多くて大変です。

부산은 은덕빼기가 많아가 힘드네예.

부산은 언덕이 많아서 힘들어요. ☞3-5/5-1/5-29

海を見たいのですが、どこに行ったらいいですか？

바다를 볼라믄 으데로 가야 데는가예?

바다를 보려면 어디로 가야 하죠? ☞3-5/3-7/5-1/5-27

ここから対馬が見えますか？

여서 대마도가 비는가예?

여기서 대마도가 보여요? ☞5-1

公演は何時から始まりますか？

공연은 멧 시에 시작하는데예?

공연은 몇 시에 시작하는데요? ☞3-6/5-1

チケットはどこで買えますか（買うんですか）？

포는 으데서 사능교?

표는 어디서 사요? ☞3-5/3-6/5-5

結構待たないといけませんか？

마이 기다리야 데는가예?

많이 기다려야 돼요? ☞3-6/3-7/4-5/5-1

キャンセルできますか？

치소데능교?

취소돼요? ☞3-7/5-5

フレーズ集 4 買い物

TR-67

買い物の際によく使う表現を集めました。国際市場などの市場に行って、釜山マルで交渉すれば、大サービスしてもらえること請け合いです。ここの表現でばっちりシミュレーションしてみましょう！

いらっしゃいませ。

어서 오이소.

어서 오세요. ☞5-7

コスメを買いたいのですが。

하장품을 사고 싶은데예.

화장품을 사고 싶은데요. ☞3-7/5-1

アクセサリーはどこで売っていますか？

악세사리는 으데서 팔아예?

액세서리는 어디서 팔아요? ☞3-5/5-1

靴売り場は何階ですか？

구두는 멧 층에서 팜니꺼?

구두는 몇 층에서 팔아요? ☞3-6/5-4

釜山旅行のお土産は何がいいでしょうか？

부산 여행 기념품은 머시 좋으까예?

부산 여행 기념품은 뭐가 좋을까요? ☞3-7/5-1/5-19

チャガルチ市場で買い物をしたいんですけど。

자갈치 시장에서 머 좀 살라카는데예.

자갈치 시장에서 뭐 좀 사고 싶은데요. ☞3-7/5-27

あの、これいくらですか？

보이소, 이거 을마라예?

저기요, 이거 얼마예요? ☞3-5/5-2/5-7

❗ 釜山マルでは、人に呼び掛けるとき보이소と言います。「(こちらを)見てください」という意味です。

他の色はありませんか？

딴 색은 없는가예?

다른 색은 없어요? ☞4-3/5-1

少し気に入りません。

벨로 마음에 안 드네예.

별로 마음에 안 들어요. ☞3-6/5-1

これ本物ですか？

이거 진짜라예?

이거 진짜예요? ☞5-2

隣の店の方が安いです。

옆 집이 더 헐네예.

옆 집이 더 싸네요. ☞5-1

🔊TR-68

すごく高いですね。ちょっとまけてください。

와 이리 비쌈니꺼? 좀 깎아 주이소.

꽤 비싸네요? 좀 깎아 주세요. ☞5-4/5-7

紙袋をください。

종이 가방 주이소.

쇼핑백 주세요. ☞5-7

見ているだけです。

그냥 구경하는 중이라예.

그냥 구경하는 중이에요. ☞5-2

他の所も一度見てきます。

딴 데 함 보고 오께예.

다른 데 한번 보고 올게요. ☞4-3/5-1/5-19

クレジットカードで支払いできますか？

신용카드 뎀니꺼?

신용카드 돼요? ☞3-7/5-4

頑張ってください。

욕보이소.

수고하세요. ☞5-7

おばさん、お釣りください。

아지매, 주리 주이소.

아주머니, 거스름돈 주세요. ☞5-7

❗ 주리は「お釣り」という意味です。日本語の「つり」と似ているため、日本語由来だとする説もあります。

お会計が間違っているようです。

계산 다시 해 보이소.

계산이 틀린 것 같아요. ☞3-7/5-7

❗ 釜山マルでは標準語よりも直接的な表現が多いです。

払い戻してください。

한불해 주이소.

환불해 주세요. ☞3-7/5-7

ぼったくられました。

바가지 썼어예.

바가지 썼어요. ☞5-1

財布をなくしてしまいました。

지갑을 잊아삤어예.

지갑을 잃어버렸어요. ☞5-1/5-24

警察呼んで！

겡찰 오라캐라!

パ 경찰 불러! ☞3-6/5-17

フレーズ集 5

TR-69

食事

お刺し身、豚クッパ、ホルモン焼き、チヂミと釜山はグルメ天国です。誰と行っても使えるように、丁寧語とぞんざい語、両方の表現を集めました。P.086で紹介する食べ物の名前も、ぜひ参考に！

体にいいものが食べたいです。

몸에 좋은 걸 묵고 싶어예.

몸에 좋은 걸 먹고 싶어요. ☞5-1

この近くで豚クッパがおいしい店はありますか？

이 근처에 대지국밥 잘 하는 집 있능교?

이 근처에 돼지국밥 잘 하는 집이 있나요? ☞3-7/5-5

ここで食べていきます。

여서 묵고 갈람니더.

여기서 먹고 갈 거예요. ☞5-3/5-20

何が一番おいしいですか？

머시 제일 맛있어예?

뭐가 제일 맛있어요? ☞3-7/5-1

辛くなくしてください。

안 맵구로 해 주이소.

안 맵게 해 주세요. ☞5-7/5-30

お昼食べるでしょ？

점심 무야 안데나?

パ 점심 먹어야지?　☞3-7/5-12

❗ 묵다は、-으꼬や-어야など母音で始まる語尾が付くと、ㄱが落ちる特殊な活用をすることがあります。

何食べる？

머 무꼬?

パ 뭐 먹을래?　☞3-7

あまり食べたくないんだ。

벨로 안 땡기네.

パ 별로 생각이 없는데.　☞3-6

後で食べる？

난주 물래?

パ 나중에 먹을래?

おなかすいて死にそう！

배고파 디지겠다!

パ 배고파 죽겠다!

早くしてください！

퍼뜩 해 주이소!

빨리 해 주세요!　☞5-7

TR-70

同じものをください。

같은 걸로 주이소.

같은 걸로 주세요. ☞5-7

たくさん召し上がれ。

마이 드이소.

많이 드세요. ☞4-5/5-7

初めて食べます。

첨 무 보네예.

처음 먹어 봐요. ☞5-1

これ、どうやって食べますか？

이건 우째 묵어예?

이건 어떻게 먹어요? ☞5-1

これは食べられません。

이건 몬 묵어예.

이건 못 먹어요. ☞5-1

おいしいでしょ？

맛있제?

パ 맛있지? ☞5-15

うわ！ 何これ ?!

와! 이기 머꼬?!

パ 와! 이거 뭐야?! ☞5-11

❗ 머(뭐)に疑問の-이고?を付けるときは、머꼬のように濃音になります。

うわ、めっちゃうまい！

와, 맛이 지기네!

ス 와, 맛이 끝내주네!

このおかずもっとください。

이 반찬 더 주이소.

이 반찬 더 주세요. ☞5-7

すみません、焼酎もう1本ください。

저기요! 소주 한 벵 더 주이소.

저기요! 소주 한 병 더 주세요. ☞3-6/5-7

さっき頼んだものはまだ来ませんか？

아까 시킨 거 와 안 주능교?

아까 시킨 거 아직 안 나와요? ☞5-5

ごちそうさま。

잘 뭇심니더.

잘 먹었습니다. ☞5-3

フレーズ集 6

交流

TR-71

初めて会ってから、親しくなって別れるまで。互いのことを尋ねる表現はもちろん、誘いの表現も入れてみました。釜山の人と仲良くなるには、親しくなりたいとストレートに意思表示してみるといいですよ！

はじめまして、森田と申します。

첨 벱지예? 모리타라캄니더.

처음 뵙겠습니다. 모리타라고 합니다. ☞3-7/5-1/5-3/5-17

お会いできてうれしいです。

만나서 반갑심니더.

만나서 반갑습니다. ☞5-3

お久しぶりです。

오랜마임니더.

오랜만입니다. ☞4-5/5-3

お変わりありませんね。

똑같네예.

여전하시네요. ☞5-1

お名前は何とおっしゃいますか？

성함이 우애 데심니꺼?

성함이 어떻게 되십니까? ☞3-7/5-4

どこに住んでいますか？

으데 사시는데예?

어디 사세요? ☞3-5/5-1

どこかでお会いした気がするんですが…

어서 함 벤 적이 있지 싶은데예…

어디서 한번 본 것 같은데요… ☞3-7/5-1

職業はなんですか？

직업이 먼데예?

직업이 뭐예요? ☞3-7/5-1

会社員です。

헤사 댕깁니더.

회사원이에요. ☞3-7/5-3

まだ学生です。

아즉 학생임니더.

아직 학생입니다. ☞5-3

父は警察官です。

아부지는 겡찰이라예.

아버지는 경찰이에요. ☞3-6/5-2

🔊TR-72

何人家族ですか？

가족은 멫 분이신데예?

가족은 몇 분이세요? ☞3-6/5-1

兄と妹がいます。

헹님하고 여동생이 있어예.

형하고 여동생이 있어요. ☞3-6/5-1

結婚しています。

겔혼했심니더.

결혼했습니다. ☞3-6/5-3

子どもは２人います。

아는 두 명 있어예.

아이는 두 명 있어요. ☞5-1

まだ独身です。

아즉 싱글이라예.

아직 싱글이에요. ☞5-2

年はいくつですか？

나가 우얘 뎀니꺼?

나이가 어떻게 됩니까? ☞3-7/5-4

友達になりましょう。

친구 하입시대이.

친구 합시다. ☞5-8/5-14

一緒に写真撮りましょう。

같이 사진 찍읍시대이.

같이 사진 찍읍시다. ☞5-8/5-14

連絡先教えてください。

연락처 갈챠 주이소.

연락처 가르쳐 주세요. ☞5-7

お茶でもどうですか？

차나 한잔 할람니꺼?

차나 한잔 할래요? ☞5-4/5-20

キム・テヒに似ていますね。

김태희하고 영판이네예.

김태희하고 쏙 빼 닮았네요. ☞5-1

友達は私を日本のウォンビンだと言います。

친구들이 낼로 일본 원빈이라 안 캄니꺼.

친구들이 나더러 일본의 원빈이라 하잖아요. ☞5-4/5-17

TR-73

週末は何か予定ありますか（何するんですか）？

주말에 머 하능교?

주말에 뭐 하세요?　☞3-7/5-5

時間ありますか？

시간 있능교?

시간 있어요?　☞5-5

（もしかして）今ナンパしているんですか？

지금 까데기 치는 김니꺼?

지금 작업 거는 거예요?　☞5-4

いい男紹介してください。

까리한 머시마 하나 엮아 주이소.

괜찮은 남자 하나 소개해 주세요.　☞5-7

お酒おごってください。

술 한잔 사 주이소.

술 한잔 사 주세요.　☞5-7

家まで私が送っていきますよ。

집꺼정 지가 델다 주께예.

집까지 제가 바래다 줄게요.　☞5-1/5-19

やめてください。

그라지 마이소.

그러지 마세요. ☞5-7

お疲れさまでした。

욕보셨심니더.

수고하셨습니다. ☞5-3

また会いましょう。

또 보입시더.

또 봐요. ☞5-8

お世話になりました。

신세 마이 졌심니더.

신세 많이 졌습니다. ☞4-5/5-3

必ず連絡しますね。

꼭 연락하께예.

꼭 연락할게요. ☞5-1/5-19

ぜひ日本に遊びにきてください。

일본에 꼭 놀러 오이소.

일본에 꼭 놀러 오세요. ☞5-7

フレーズ集 7 友情・恋愛

TR-74

親しい関係同士で使うパンマル表現を集めてみました。こうした表現を言い合える相手こそ、釜山の人にとって真のチング（友達）。最後のページには、少しオーバーなウケ狙いの表現も掲載してみました。

オッパ、私に会いたかったでしょう？

오빠야, 내 보고 싶었제?

パ 오빠, 나 보고 싶었지? ☞5-15

❗ 釜山マルでは、오빠や언니に呼びかけの야を付けて一単語として使うことが多いです。

もちろん、どれだけ会いたかったことか。

하모, 억수로 보고 싶었다 아이가.

パ 그럼, 얼마나 보고 싶었다고. ☞4-5/5-16

一体どのくらいぶりだっけ？

이기 을마마이고?

パ 이게 얼마만이야? ☞3-5/4-5/5-11

ばか、何で今頃連絡くれるんだよ。

문디 자슥아, 와 인자 연락하노?

パ 바보 자식아, 왜 이제야 연락하냐? ☞5-10

※문디は本来ハンセン病の人や慶尚道の人に対する蔑称でしたが、釜山の人は親しい人に対して、愛情を込めてよく使います。

その間元気だった？

그동안 잘 지냈나?

パ 그동안 잘 지냈니? ☞5-12

ごはん食べた？

밥 뭇나?

パ 밥 먹었어? ☞5-12

私がおごるよ。

내가 함 쏘께.

パ 내가 한턱 낼게. ☞5-19

どうした？　飲まないで。

머 하노? 안 마시고.

パ 뭐 해? 안 마시고. ☞3-7/5-10

どうするつもり？

우짤 낀데?

パ 어쩔 건데? ☞3-5

! 釜山マルでは、거を기と言うことがよくあります。ここでは-ㄹの後ろで濃音化しています。

２次会行こう！

이차 가재이!

パ 이차 가자! ☞5-14

! ソウルマルの-자が釜山マルでは-재이となります。例えば하자→하재이、먹자→먹재이などがあります。

オンニ、ありがとう！

언니야, 고맙대이!

パ 언니, 고마워! ☞5-14

🔊TR-75

大丈夫。俺たち友達じゃないか。

개한타. 우리 친구 아이가.

パ 괜찮아. 우리 친구잖아. ☞5-16

すごくつらいの？　どうしよう。

마이 아프나? 우야꼬.

パ 많이 아파? 어떡해. ☞4-5/5-12

一体どうした（良くないことでもあったのか／クソ踏んだか）？

똥 밟았나?

ス 안 좋은 일 있었어? ☞5-12

私たち友達だよね（お前が私の友人か）？

니가 내 친구가?

パ 친구끼리 이럴 수 있는 거야? ☞5-13

本当に怒るぞ！

칵 디비 뿌까?

❗ この釜山マルは「ちゃぶ台返し」レベルの強い怒りを表現しています。

パ 확 뒤집어엎는다! ☞5-19/5-24

何言ってるの？

머라캐샇노?

パ 무슨 소리 하는 거야? ☞3-7/5-10/5-17

やめとけ！

치아 삐라!

パ 그만둬! ☞5-24

もうかまわないで！

엉가이 해라!

パ 이제 그만 좀 해라!

放っておきなよ。

딱 좀 가만 나 나라.

パ 제발 가만히 놔 둬. ☞3-7

ちゃんとしろ！

단디 해라!

パ 제대로 해!

俺とやる（けんかする）つもりか？

내캉 한 판 할라꼬?

パ 나랑 한번 하려고? ☞5-27

❗ 釜山の人にとっては한번は優しいニュアンスなので、けんかのときは한 판と言います。

もうやめてよ（もう、ほんとに）。

아따 참말로.

パ 아, 진짜.

TR-76

彼女、ちょっとこっちにおいで。

가시나야, 니 일로 쫌 와 바라.

パ 너 여기로 좀 와 봐. ☞3-7/5-22

! 釜山男子が使いそうな誘いの言葉ですが、むやみに使うことは避けましょう。

お前、俺と付き合うか？

니 내캉 사길래?

パ 너 나랑 사귈래? ☞3-7

あの男は浮気者だよ！

머시마 그거 바람디이 아이가!

パ 그 남자는 바람둥이야! ☞5-16

だまされました。

속았어예.

속았어요. ☞5-1

あの子（女）、めっちゃかわいいな！

가시나 저거 억수로 이뿌네!

パ 저 여자 너무 이뻐!

俺、彼女のせいでおかしくなりそうだ！

내 그 가시나 땜에 미치 삐겠다!

パ 나 그 여자 때문에 미쳐 버릴 것 같아! ☞5-24

お願いだからやめて！

이랄 끼가 진짜!

パ 정말, 이럴 거야! ☞5-13

お前しかいない。

니삐 없다.

パ 너밖에 없어.

❗ 삐は標準語の밖에にあたります。

愛してる。

사랑한대이.

パ 사랑해. ☞5-14

どうしてこんなにしつこくするの？

니 내 좋나?

パ 왜 이렇게 성가시게 구니? ☞5-12

❗ 確認するとき、拒絶するときに使う表現です。

私があなたとつり合うと思っているの？

한 대 말래?

パ 내가 당신이랑 어울린다고 생각해?

❗ 強く相手を拒絶する表現で、直訳すると「一発食らいたい？」。말래を[마알래]と伸ばします。

俺と結婚してくれ（俺の子どもを産んでくれ）。

내 아를 낳아 도!

パ 나랑 결혼해 줘. ☞5-21

❗ お笑い芸人のギャグで全国的にも有名になった、釜山男子の決めぜりふです！

フレーズ集 8 気持ち・感情

TR-77

楽しい気持ちやつらい気持ちなど、自分の感情を表現する言葉を集めました。釜山マルの特徴である大きな抑揚をマスターして、自分の気持ちをうまく伝えてみましょう！

サイコー！

지기네!

ス 기분 정말 좋다! / 죽이네!

最高！

대끼리!

パ 최고다!

超うれしい！

기분 억수로 좋네!

パ 정말 기뻐!

釜山の人は感嘆を表す終結語尾-네をよく使います。

そう？　よかった！

맞나? 땡 잡았네!

パ 그래? 잘됐다! / 땡 잡았네! ☞5-12

よかった！

아싸!

パ 아싸!

昨日は興奮して眠れなかったよ。

흥부이 데가 잠을 몬 잤네.

パ 흥분돼서 잠을 못 잤어. ☞3-7/4-5/5-29

❗ 否定の못は釜山マルでは몬となります。

超ウケる。

배꼽 빠질라칸다.

パ 배꼽 빠지겠다. ☞5-17/5-20

わくわくする。

고마 가슴이 두근두근하네.

パ 가슴이 두근두근해. ☞4-5

あらー、きれい！

옴마야, 이뿌다!

パ 어머, 예쁘다!

めっちゃかっこいい！

억수로 까리하네 !

ス 너무 멋있네!

うわ！　びっくりしたなぁ！

아! 깜짝 놀랬다 아이가!

パ 으악! 깜짝 놀랐잖아! ☞5-16

TR-78

今に見てろよ。

딱 함 두고 보재이.

パ 딱 한번 두고 보자. ☞5-14

本当に申し訳ない。

미안해가 우야꼬.

パ 미안해서 어떡해. ☞5-29

もう耐えられないよ。

더는 몬 참겠다.

パ 더는 못 참겠다.

最悪！

돌아 삐겠네!

ス 돌아 버리겠네! ☞5-24

もう、うんざりだよ。

아이고 지겨버라.

パ 아이고 지겨워라. ☞4-1

! ㅂ変則が起きない釜山マルの特徴が表れています。

ああ、もう死にそうだ。

아따, 쎄빠지겠네.

ス 아, 힘들어 죽겠네.

これからどうやって生きていけばいいの？

앞으로 우얘 살라꼬?

パ 앞으로 어떻게 살라고? ☞5-27

! 어떻게は、釜山マルで우얘や우째になります。

どうしよう、泣きたい気分だよ。

우짜노, 고마 울고 싶네.

パ 어떡해, 울고 싶어(졌어). ☞4-5/5-10

! 우짜노は어찌하니が우찌하노→우짜노と変化したものです。우짜노のほかに우야노もよく使われます。

どうにでもなれ！

델 대로 데 삐라!

パ 될 대로 돼라! ☞3-7/5-24

! 데 삐라は、ソウルマルの돼 버려に該当します。

(悲しくて) 胸が痛いよ。

가슴 다 뿌아졌다.

パ 가슴이 아파.

うるさいよ。

시끄러버.

パ 시끄러워. ☞4-1

うるさい！

씨부리지 마라!

ス 시끄러워!

🔊TR-79

やってらんない！／いやになる！

내가 몬산다!

パ 내가 못살아!

とんでもない！

택도 없다!

パ 택도 없어!

やめて！

함부레!

パ 아서라!

❗何かをやめろと言うときに使う釜山マルです。

えらい目に遭ったよ！

시껍했네!

パ 혼났어!

何するつもり？

머 할라꼬?

パ 뭐 할려고? ☞3-7/5-27

まったく、もう。

아따, 마.

パ 아이고 참.

第3章

釜山が舞台で全編釜山マル!

音声ドラマ「ジヘとジョンウの友情」

音声ドラマ「ジヘとジョンウの友情」

全編釜山マルで、釜山の名所・名物を巡りながら繰り広げられるジヘとジョンウの友情物語。普段話されているような自然な会話を収録したので、生の釜山マルをぜひ音声で堪能してください。なお、本章ではなるべく音声に即した表記を行いました。

イラスト：河 美香

音声ドラマ Scene 1

TR-80

ジョンウとジヘは大学の同期。釜山の街中で、卒業以来久しぶりに再会する。互いの近況について話しながらも、おなかがすいたジョンウはジヘをお昼に誘う。

지 혜（ジヘ）

어? 이기 누고? 정우 아이가? …… 釜山マル

어? 이게 누구야? 정우 아니니? …… ソウルマル

あれ？　誰かと思ったら、ジョンウじゃない？ …… 日本語訳

정 우（ジョンウ）

어? 니 요 웬일이고?

어? 너 여기 웬일이야?

あれ？　お前ここで何してるんだ？

지 혜

내 일하는 데가 요게 요 있다 아이가. 니는 여서 머 하노?

나 일하는 데가 여기 있잖아. 너는 여기서 뭐 해?

私が働いている所がここじゃない。あんたはここで何してるの？

정 우

아, 머 쫌 사러 나왔다가 배고파가 밥 쫌 무까 하고.

아, 뭐 좀 사러 나왔다가 배고파서 밥 좀 먹을까 하고.

うん、ちょっと買い物に出てきたんだけど、腹が減ったから飯でも食おうかと思って。

지 혜
억수로 오래간마이제? 이기 얼마마이고?
진짜 오래간만이지? 이게 얼마만이야?
本当に久しぶりね。一体何年ぶりかしら？

정 우
학교 졸어바고는 첨 아이가?
학교 졸업하고는 처음 아니야?
学校卒業してから初めてじゃないか？

지 혜
한 5년 뎄는갑다 그자? 니 요새 머 하노?
한 5년 됐나보다 그렇지? 너 요새 뭐 해?
５年くらい経ったってことよね？　あんた、最近何してるの？

정 우
학교에서 아들 갈킨다. 니는?
학교에서 아이들 가르쳐. 너는?
学校で子どもたち教えてるよ。お前は？

지 혜
요 쪼맨한 헤사 댕긴다. 겔혼은 했나?
여기 작은 회사 다녀. 결혼은 했니?
ここの小さい会社に勤めてるわ。結婚はしたの？

정 우
어. 한 3년 뎄다.
어. 한 3년 됐어.
おう。３年くらいなるかな。

지 혜
아는?
애는?
子どもは？

정 우
엄따.
없어.
いない。

지 혜 **와?**
왜?
何で？

정 우 **천처이 놀라꼬.**
천천히 낳으려고.
ゆっくり産もうと思ってさ。

지 혜 **지 아는 안 놓고 나무 아들만 갤키는갑지?**
자기 애는 안 낳고 남의 애들만 가르치나 보지?
自分の子どもは産まないで、よその子どもばかり教えているのね。

정 우 **밉쌀시럽게 말하는 거는 하나도 안 바낐네. 밥 뭇나? 안 뭇으먼 오랜만에 밥이나 같이 묵든지.**
밉살스럽게 말하는 거는 하나도 안 바뀌었네. 밥 먹었어? 안 먹었으면 오랜만에 밥이나 같이 먹든지.
憎たらしい口調は一つも変わってないな。飯は食ったのか？
まだ食ってなかったら、久しぶりに一緒に飯でも食うか。

지 혜 **아이다. 일 때문에 들어가 바야 덴다.**
아니야. 일 때문에 들어가 봐야 돼.
ううん。仕事だからもう戻らなきゃ。

정 우 **맞나. 억수로 바쁜갑지?**
그래? 많이 바쁜가 봐?
そうか。結構忙しいみたいだな。

지 혜 **머시 좀 그렇네. 우찌덴 게 밥 물 시간도 없네. 머 물라꼬?**
뭐 좀 그러네. 어찌된 게 밥 먹을 시간도 없네. 뭐 먹으려고?
まあ、ちょっとね。どういう訳かご飯食べる時間もないわ。何食べるの？

정 우

머 무까 생각 중이다. 요 머 물 만한 거 머시 있노?

뭐 먹을까 생각 중이야. 여기 뭐 먹을 만한 거 뭐가 있어?

何食べようか考え中なんだ。この辺りでうまいもの何がある？

지 혜

니 짜장멘 좋아했다 아이가. 저게 저 짜장멘집 비나?

너 자장면 좋아했잖아. 저기 저 자장면집 보여?

あんた、ジャージャー麺好きだったじゃない。あそこ、あのジャージャー麺屋見える？

정 우

으데? 전신에 식당이 데 나가 머시 머신지 모르겄다.

어디? 온통 식당이라서 뭐가 뭔지 모르겠다.

どこ？　食堂だらけで何が何だか分からないよ。

지 혜

저게 저, 롯데호텔 뒷문 있는 데. 모퉁이에 짜장멘집 간판 있다 아이가.

저기 저, 롯데호텔 뒷문 있는 데. 모퉁이에 짜장면집 간판 있잖아.

あそこよ、あそこ、ロッテホテルの裏門がある所。隅にジャージャー麺屋の看板あるじゃない。

정 우

아, '옛날 짜장' 이라고 써 놓은 데?

아, '옛날 짜장' 이라고 써 놓은 데?

ああ、「昔のジャージャー麺」って書いてある所？

지 혜

그래 그게. 그 가가 짜장멘 함 무 바라. 보기에는 좀 허름해 비도 억수로 맛있다.

그래 거기. 거기 가서 짜장면 한번 먹어 봐. 보기에는 좀 허름해 보여도 되게 맛있다.

そうよ、そこ。そこ行ってジャージャー麺一度食べてみて。見た目はちょっと古びて見えるけど、すごくおいしいんだから。

정 우 **그라까? 오랜만에 밨는데 그냥 헤어질라카이 머시 좀 그렇네. 니 멩함 같은 거 있으믄 하나 주 바라. 난주 시간 날 때 밥이나 같이 묵구로.**

그럴까? 오랜만에 봤는데 그냥 헤어지려니 뭐 좀 그러네. 너 명함 같은 거 있으면 하나 줘 봐. 나중에 시간 날 때 밥이나 같이 먹게.

そうするか？　久しぶりに会ったのに、ただ別れるのもなんだな。お前、名刺とかあったら１枚くれよ。今度、時間あるとき、飯でも一緒に食べようぜ。

지 혜 **그래 그라자. 요 있다. 연락해래이.**

그래 그러자. 여기 있어. 연락해라.

そうね、そうしましょう。はい、これ。連絡してよね。

정 우 **어, 그래. 욕바라.**

어, 그래. 수고해.

おう、分かった。頑張れよ。

音声ドラマ

Scene 2

TR-81

偶然の再会の数日後、ジヘはジョンウを喫茶店に誘う。昔話に花を咲かせたのもつかの間、ジヘが話を切り出す。

정 우

여다, 여.

여기야, 여기.

ここだよ、ここ。

지 혜

오, 미안 미안. 마이 기다맀제?

아, 미안 미안. 많이 기다렸지?

ああ、ごめんごめん。だいぶ待ったでしょ？

정 우

40분빼끼 안 있었는데 머.

40분밖에 안 있었는데 뭐.

40分しか待ってないけどな。

지 혜

우야꼬 미안 미안. 함 만 바 도. 담에 함 멋지게 쏘께.

어떡해 미안 미안. 한 번만 봐 줘. 다음에 한번 멋지게 쏠게.

あちゃ、ごめんごめん。一度だけ大目に見て。今度私がばっちりごちそうするから。

정 우

진짜제? 누가 쏜다캤다 이런 거 내 억수로 잘 에운디.

진짜지? 누가 쏜다 했다 이런 거 나 엄청 잘 외워.

本当だな？　誰かがおごるって言ったとか、そういうの、俺覚えるの得意だからな。

지 혜

쏘께 쏘께.

쏠게 쏠게.

おごるわよ、おごる。

정 우

니 그래도 학교 다일 때다 대믄은 양바이다. 니 기본으로 한 시간쓱 안 늦었나. 유멩했다 아이가.

너 그래도 학교 다닐 때에 비하면 양반이다. 너 기본으로 한 시간씩 늦는 걸로 유명했잖아.

お前、それにしても学校通ってた時と比べれば偉くなったな。お前、基本的に１時間は遅れるので有名だったじゃん。

지 혜

쯤! 니 으데 가서 그런 소리 하지 마라. 내 요새는 안 그란단 말이야. 오늘은 딱 나올라카는데 손님한테 전화가 와가 그 계속 붙들리가 있었다 아이가. 시껍했다.

얘는! 너 어디 가서 그런 소리 하지 마. 나 요즘은 안 그런단 말이야. 오늘은 딱 나오려고 하는데 손님한테 전화가 와서 계속 붙들려 있었거든. 혼났다.

ちょっと！　あんたどこかで、そういうこと言わないでよ。私、最近はそうじゃないんだから。今日だってぴったりに出ようとしたらお客さんから電話来て、ずっとつかまっちゃってたのよ。えらい目に会ったわ。

정 우

쏜다캤으이 됐다. 머 얻어 무꼬.

쏜댔으니까 됐다. 뭐 얻어 먹을까.

まあ、おごるって言ってるからそれでいっか。何おごってもらおうかな。

지 혜

단디 생각해 나라.

잘 생각해 놔.

よく考えておいてね。

정 우

근데 오늘은 와?

근데 오늘은 왜?

それで、今日は何？

지 혜

니 있다 아이가. 니 어데 아푼 데 없나?

너 있잖아. 너 어디 아픈 데 없니?

ねえ、あのさあ。あんたどこか体調悪い所ない？

정 우

아푼 데? 갑작시레 아푼 데는 와 묻노?

아픈 데? 갑자기 아픈 데는 왜 물어?

悪い所？　いきなり悪い所なんて、何で聞くんだ？

지 혜

술 마이 마시믄 다음날 아침에 어떻노?

술 많이 마시면 다음날 아침에 어때?

たくさんお酒飲んだら、次の日の朝はどんな感じ？

정 우

속이 우리하이 그렇지.

속이 쓰리고 그렇지.

胸焼けしたりするけど。

지 혜

아침에 일나기 힘들고 머리 아푸고 안 그라나?

아침에 일어나기 힘들고 머리 아프고 안 그래?

朝に起きるのがつらくて、頭痛くなったりはしない？

정 우

그랄 때도 있고 안 그랄 때도….

그럴 때도 있고 안 그럴 때도….

するときもあれば、しないときも……。

지 혜

우야꼬…, 그 바라. 니도 이제 몸이 마이 가 삤다는 증거다. 간에서 술을 해독을 몬해가 그기 헬간을 타고 온전신을 돌다 보이 콩팥도 벵이 생기고 장에도 문제가 생기고, 그라다가 암 걸리고 그라는 기다. 우야꼬 우야꼬.

어떡해…, 그거 봐. 너도 이제 몸이 많이 갔다는 증거야. 간에서 술을 해독을 못해서 그게 혈관을 타고 온전신을 돌다 보니 콩팥도 병이 생기고 장에도 문제가 생기고, 그러다가 암 걸리고 그러는 거야. 어떡해 어떡해.

あらあら、ほらごらんなさいよ。あんたももう体にだいぶガタがきてるっていう証拠よ。肝臓でお酒を解毒できずに、それが血管を通じて全身を巡ると、腎臓も病気になるし、腸にも問題が起きるし、そのうちガンになったりするのよ。どうするの、どうするの。

정 우

야가 와 이라노? 술 마이 무믄 다 글치. 무슨….

애가 왜 이래? 술 많이 먹으면 다 그렇지. 무슨….

こいつどうした？　酒たくさん飲んだら誰でもそうなるだろ。何を……。

지 혜

아이다 아이다. 그라다가 큰 벵 생긴다. 내 손님들 중에도 그런 케이스가 천지빼까리다. 속이 우리하이 일나기도 싫고. 니 나이가 딱 그랄 나이다.

아냐 아냐. 그러다가 큰 병 생긴다. 내 손님들 중에도 그런 경우가 허다해. 속이 쓰리고 일어나기도 싫고. 네 나이가 딱 그럴 나이야.

だめだめ。そのうち大きな病気にかかるわよ。私のお客さんの中にもそういうケースが多いのよ。胸焼けがして、起きるのも嫌で。あなたの年がちょうどそういう年よ。

정 우

벵은 무슨…. 베찌.

병은 무슨…. 괜히.

何が病気だ……。大げさな。

지 혜

옴마야, 야 바래이. 니는 하나도 걱정 안 데는갑지?

어머머, 얘 좀 봐. 너는 하나도 걱정 안 되는가 봐?

あらら、ほら見なさい。あんたったらまったく心配してないみたいね？

정 우

아이 머, 걱정이 안 데는 건 아이고. 마, 조심해야지 생각이야 하지. 갑작시레 그런 거는 와 묻노?

아이 뭐, 걱정이 안 되는 건 아니고. 뭐, 조심해야지 생각이야 하지. 갑작스럽게 그런 건 왜 물어?

いや、心配してないわけじゃないけど。まあ、気を付けないとって考えてはいるさ。いきなりそんなこと何で聞くんだ？

지 혜

야, 니 있다 아이가.

야, 너 있잖아.

あのね、その。

정 우

와?

왜?

何だよ？

지 혜

있제….

있지….

だから……。

정 우

머시?

뭐가?

何が？

지 혜

니도 보험 하나 들어 나라.

너도 보험 하나 들어 놔라.

あんたも保険に一つ入っておきなよ。

정 우

어?

어?

え？

지 혜

내가 실적 올릴라고 그라는 기 아이고, 다 니 생각해서 하는 말이다. 니 선생하멘서 월급만 받아가 큰돈도 없을 꺼 아이가. 갑자기 큰 벵 생기고 그라믄 우짤래? 무슨 일이 언제 생길지 모르는 기다. 다 미리미리 준비해 나라. 난주 후헤해 바바야 소용없디. 니 이거는 딱 알아 나라. 절대로 내 영업 실적 올릴라고 그라는 거 아이디. 다 니 생각해서 하는 소리다. 알제? 너거 집사람하고 잘 으논해 바바.

내가 실적 올리려고 그러는 게 아니고, 다 너 생각해서 하는 말이야. 너 선생하면서 월급만 받아서는 큰돈도 없을 거 아니야. 갑자기 큰 병 생기고 그러면 어쩔래? 무슨 일이 언제 생길지 모르는 거다. 다 미리미리 준비해 놔라. 나중에 후회해 봐봐야 소용없지. 너 이건 제대로 알아 둬. 절대로 내가 영업 실적 올리려고 그러는 거 아니다. 다 너 생각해서 하는 소리거든. 알지? 너희 집사람하고 잘 의논해 봐봐.

私が成績上げようとして、そう言ってるんじゃなくて、全部あんたを思って言ってるのよ。あんた、先生しながらお給料だけもらってるんじゃ、まとまったお金もないでしょ。いきなり大きな病気にでもなったらどうするの？　何がいつ起きるか分からないのよ。みんな、あらかじめ準備しておきなさいよ。後で後悔しても遅いんだから。あんた、これはちゃんと分かっておいてよ。絶対に私が営業成績を上げようとして言ってるんじゃないんだからね。全部あんたを思って言ってることよ。分かるでしょ？　あんたの家の奥さんともよく相談してみて。

정 우

흐흐.

흐흐.

ふっ。

지 혜

와 웃노?

왜 웃어?

何で笑うの？

音声ドラマ Scene 3

TR-82

次第に仲良くなるジョンウとジヘ。ジョンウの妻も一緒に、3人で食事に出掛けることになった。

정 우

여다, 여.

여기야, 여기.

ここだよ、ここ。

지 혜

어, 빨리 왔네?

어, 빨리 왔네?

あら、早く来たのね？

정 우

오랜만에 집사람하고 데이트 함 한다꼬. 오늘 하루종일 서면 돌아댕깄다. 와 혼자고? 남자 친구는?

오랜만에 집사람하고 데이트 좀 하느라고. 오늘 하루종일 서면 돌아다녔어. 왜 혼자야? 남자 친구는?

久しぶりに奥さんとデートでもしようかなって思ってさ。今日は一日中西面を歩き回ってたんだ。お前、何で一人なんだ？ 彼氏は？

지 혜

갑자기 헤사에 급한 일이 생기가 몬 온단다.

갑자기 회사에 급한 일이 생겨서 못 온대.

いきなり会社で急用ができちゃって来られないって。

정 우

맞나? 그라믄 담에 보지 머. 아 참, 인사해라. 여 우리 집사람.

그래? 그러면 다음에 보지 뭐. 아 참, 인사해라. 여긴 우리 집사람.

そうか？　じゃあ次会えばいいか。あ、そうだ、あいさつしろ。これが俺の奥さん。

지 혜

처음 뵙지예. 김지혜라캅니더.

처음 뵙겠습니다. 김지혜라고 해요.

初めまして。キム・ジヘといいます。

정우처

ジョンウ妻

처음 뵙네예. 이 사람한테 얘기는 마이 들었어예. 억수로 미인이시네예. 이 양반이 와 그런 얘기는 안 했는고.

처음 뵙네요. 이 사람한테 얘기는 많이 들었어요. 엄청 미인이시네요. 이 양반이 왜 그런 얘기는 안 했을꼬.

初めまして。この人からお話はよく聞いてます。とても美人ですね。この人ったら何でそういう話はしなかったのかしら。

지 혜

우데예, 아임니더.

아이, 아니에요.

いえいえ、とんでもない。

정 우

학교 때부터 야 인기 하나는 끝내줬다 아이가. 남자아들이 천지빼까리로 따라댕기샀고.

학교 때부터 얘 인기 하나는 끝내줬잖아. 남자애들이 줄줄이 따라다녔지 왜.

学校の時からこいつの人気はすごかったんだぜ。男子たちがぞろぞろ付いていってさ。

정우처

옴마야, 남사시러버라. 어른한테 '야' 가 멍교? 넘들이 흉봄니더. 그지예?

어머, 창피해라. 어른한테 얘가 뭡니까? 남들이 흉봐요. 그렇죠?

まあ、恥ずかしい。大人に向かって「こいつ」って何ですか？
他の人たちに何か言われますよ。そうですよね？

지 혜

은지예, 개한아예. 아 참, 그라고 요앞전에 보험 들어 주신 거는 고맙습니더.

아니에요, 괜찮아요. 아 참, 그리고 요전에 보험 들어 주신 건 고맙습니다.

いいえ、大丈夫ですよ。あ、そうだ、この間は保険に入っていただいて、ありがとうございました。

정우처

우데예. 안 그래도 보험 하나 들어야지 했어예. 가족 보험으로 들기를 잘했지예. 둘이 따로따로 하는 거보다 그기 더 헐트만예.

아니에요. 안 그래도 보험 하나 들어야지 했어요. 가족 보험으로 들기를 잘했지요. 둘이 따로따로 하는 거보다 그게 더 싸던데요.

いいえ。ちょうど、保険に一つ入らないとなって思っていたんですよ。家族保険に入ることができてよかったです。2人で別々に入るのよりも、そっちの方が安かったんですよ。

지 혜

맞아예. 잘 생각한 김니더. 부부는 일심동체라카는데, 보험도 들라믄은 같이 드는 기 맞지예. 덕분에 껀수도 하나 올맀고. 고마워예.

맞아요. 잘 생각한 거죠. 부부는 일심동체라는데 보험도 들려면 같이 드는 게 맞죠. 덕분에 건수도 하나 올렸고. 고마워요.

そうですよね。よかったと思いますよ。夫婦は一心同体っていいますし、保険も入る時は一緒に入るのがお得ですよ。おかげで件数も一つ増えましたし。ありがとうございます。

정 우

니 실적 올릴라고 내한테 얘기한 거 아니라메?

네 실적 올리려고 나한테 얘기한 거 아니라며?

お前の成績を上げるために俺に話したんじゃないって言ってなかったっけ？

정우처

또 보이소 또…. 아까도 얘기했구마는. '니' 가 멍교, '니' 가. 지혜 씨라카이소. 아도 아이구마는 자꾸 '야' '니' 캐샇능교?

또 그런다 또…. 아까도 얘기했구만. '네' 가 뭐예요, '네' 가. 지혜 씨라고 해요. 애도 아닌데 자꾸 '얘' '네' 라고 해대요?

またそうやって……。さっきも言ったじゃない。「お前」って何ですか、「お前」って。ジヘさんって呼びなさいよ。子どもじゃないのにいつまでも「こいつ」「お前」って言うつもりですか？

정 우

개한타. 동창생끼리 씨는 무슨 씨고. 간지럽구로. 그자?

괜찮아. 동창생끼리 씨는 무슨 씨야. 간지럽게. 그렇지?

大丈夫だよ。同級生同士で「さん」って何だよ「さん」って。照れくさいだろ。なあ？

정우처

그래도 그기 그런 기 아니라예. 지혜 씨도 사헤적 지이가 있고 체면이 있다 아입니꺼? 막 말 놓고 '니, 니' 캐샇고 그라는 거 아입니더.

그래도 그게 그런 게 아니에요. 지혜 씨도 사회적 지위가 있고 체면이 있단 말이에요. 막 말 놓고 '너, 너' 해대고 그러는 거 아니지요.

それでもそういうものじゃないでしょう。ジヘさんだって社会的な地位があって、体面があるんですよ。そんなぞんざいに「お前、お前」って呼んだりするものじゃないでしょう。

지 혜

개한아예.

괜찮아요.

大丈夫ですよ。

정우처

어데예, 아임니더. 이 양반도 학교에서 샘인데, 자기가 모범을 비 주야지예. 늙어 죽을 때까지 '야' '니' 캐살 수도 없는 거 아임니꺼?

아유, 아니에요. 이 양반도 학교에서 선생님인데, 자기가 모범을 보여 줘야지요. 늙어 죽을 때까지 '얘' '니' 할 수도 없는 거 아니겠어요?

いいえ、違うんです。この人も学校じゃ先生なわけですから、自分が模範を示さないといけないでしょう。年取って死ぬ時まで「こいつ」「お前」なんて言えるもんじゃないでしょう？

정 우

예, 예. 알겠심니더. 인자부터 지혜 씨라 부르겠심니더. 지혜 씨, 이것도 좀 드이소. 그라고 건배도 함 하까예?

네, 네. 알겠습니다. 이제부터 지혜 씨라 부르겠습니다. 지혜 씨, 이것도 좀 드세요. 그리고 건배도 한번 할까요?

はい、はい。分かりました。これからはジヘさんと呼びますよ。ジヘさん、これもちょっと召し上がってください。それと、一度乾杯もしましょうか？

지 혜

예… 건배….

네… 건배….

はい……乾杯……。

정우처

그 보이소. 얼마나 듣기 좋응교?

그것 봐요. 얼마나 듣기 좋아요?

ほらごらんなさい。どんなに聞いていていいか。

정 우

당신은 듣기 좋을지 모르지마는, 말하는 내는 억수로 어색하대이. 니는 어떻노?

당신은 듣기 좋을지 모르지만, 말하는 나는 엄청 어색해. 너는 어때?

あなたは聞いていていいかもしれないけど、話してる俺はすごいぎこちないぜ。お前はどうだ？

정우처
또 보이소 또!
또 그러네 또!
また言ってる、また！

정 우
지혜 씨는 듣기에 어떻십니꺼?
지혜 씨는 듣기에 어떠십니까?
ジヘさんは聞いていていかがですか？

지 혜
머시 좀 그렇네예.
뭐가 좀 그러네요.
何だかちょっとあれですね。

정 우
그자? 니도 좀 그렇제? …지혜 씨도 머시 좀 글치예? 일단 오늘 함 써 보고 영 이상하면 다음부터는 간두입시더. 그라믄 데겠지예?
그렇지? 너도 좀 그렇지? …지혜 씨도 뭐가 좀 그렇지요? 일단 오늘 한번 써 보고 영 이상하면 다음부터는 관둡시다. 그러면 되겠지요?
そうだろ？　お前もそう思うだろ？　……ジヘさんもそう思いますよね？　とりあえず今日は１回使ってみて、あまりにも変だったら次からはやめましょう。それでいいですよね？

지 혜
그라지예.
그러죠.
そうですね。

정 우
사모님도 그라믄 뎄지예?
사모님도 그러면 됐지요?
奥さまも、それでよろしいですよね？

정우처 **하이튼 고집만 엉캉 씨 갖고. 이 사람 학교 다일 때도 한 고집 했지예? 우리 어무이 말이 알라 때부터 고집이 씨 갖고 고집디이라캤담니더.**

하여튼 고집만 엄청 세 가지고. 이 사람 학교 다닐 때도 한 고집 했죠? 우리 어머니 말이 아기 때부터 고집이 세 가지고 고집쟁이라 했대요.

とにかく我だけはとっても強くて。この人、学校通っていた時も意地張ってましたでしょ？　お母さんが言うには、赤ちゃんの時から我が強くて意地っ張りって呼んでたそうですよ。

정 우 **말또 아이다. 내가 무슨 고집을 부릸다꼬?**

말도 안 돼. 내가 무슨 고집을 부렸다고?

とんでもない。俺が何の意地を張った？

지 혜 **학교 다일 때도 한 고집 하기는 했지예. 학교 식당에서 밥 물 때도 꼭 같은 자리에 앉아서 물 끼라고, 누가 먼저 앉아가 묵고 있으면 옆에 서가 계속 기다리고 했다 아임니꺼? 식판 들고. 그 사람이 다 묵고 일날 때까지.**

학교 다닐 때도 한 고집 하기는 했죠. 학교 식당에서 밥 먹을 때도 꼭 같은 자리에 앉아서 먹을 거라고, 누가 먼저 앉아서 먹고 있으면 옆에 서서 계속 기다리고는 했지요. 식판 들고. 그 사람이 다 먹고 일어날 때까지.

学校通っていた時も意地を張るといえばそうでしたね。学校の食堂でご飯食べる時も、絶対同じ席に座って食べるんだって、誰かが先にそこに座って食べていたら、横に立ってずっと待ってたりしましたよ。トレー持って。その人が全部食べて立ち上がるまで。

정 우

아이고, 베레벨 거를 다 기억하고 게심니더. 그게 무슨 고집잉교? 그런 건 지조라캄니더, 지조.

아이고, 별의별 걸 다 기억하고 계십니다. 그게 무슨 고집이에요? 그런 건 지조라고 해요, 지조.

まったく、いらないことは全部覚えていらっしゃるんですね。それが何の意地ですか？　そういうのは志操って言うんですよ、志操。

지 혜

말하다 보이 또 기억 나는 기 있는데예, 좀 더 들어 보실람니꺼?

말하다 보니 또 기억 나는 게 있는데요, 좀 더 들어 보시겠어요?

話しているうちに、また思い出したのがあるんですけど、もう少し聞いてみますか？

정우처

재밌네예. 또 해 주이소.

재밌네요. 또 해 주세요.

面白そうですね。もっと話してください。

지 혜

있지예….

있잖아요….

あのですね……。

정 우

아이고, 마 엉가이하고 주문이나 하이소.

아이고, 인제 그만하고 주문이나 하시죠.

まったく、もうやめて注文でもしてくださいよ。

정우처

여는 머가 맛있는데예? 조선칼국수니까 칼국수가 메인일 끼고. 옴마야, 머시 이래 싸노?

여긴 뭐가 맛있는데요? 조선칼국수니까 칼국수가 메인일 거고. 어머, 뭐가 이렇게 싸?

ここは何がおいしいんですか？　朝鮮カルグクスだから、カルグクスがメインでしょうし。あら、何でこんなに安いの？

지 혜 **그렇지예? 요는 칼국수가 양도 맛도 가격까지 일품이라예.**
그렇죠? 여기는 칼국수가 양도 맛도 가격까지 일품이에요.
そうでしょう？　ここはカルグクスが量も味も、価格まで絶品なんですよ。

정 우 **옛날 대학 다닐 때 학사주점 생각 나가 한 번씩 온다 아이가. 오늘 배 터지도록 함 무 보자! 여기요!**
옛날 대학 다닐 때 학사주점 생각이 나서 한 번씩 오거든. 오늘 배 터지도록 한번 먹어 보자! 여기요!
昔、大学に通ってた時の居酒屋（学士酒店＝学生相手の酒場）思い出して、たまに来るんだ。今日は腹がはち切れるまで食べようぜ！　すみません！

音声ドラマ

Scene 4

TR-83

ある日突然、学校で働くジョンウの元に電話がかかってくる。受話器の向こうから聞こえてきたその声は……。

정우 상사 **여보세요. 조정우 샘 전홥니더.**
여보세요. 조정우 선생님 전홥니다.
ジョンウ上司 もしもし、チョ・ジョンウ先生のお電話です。

지 혜 **여보세요.**
여보세요.
もしもし。

정우 상사 **예, 조샘 전홥니더. 조샘이 전화기를 나놓고 우데 가셨네예.**
예, 조선생님 전홥니다. 조선생님이 전화기를 놓아두고 어디 가셨네요.
はい、チョ先生のお電話です。チョ先生は電話を置いてどこかに行かれました。

지 혜 **아, 그래예?**
아, 그래요?
あ、そうですか？

정우 상사 **누구라꼬 전해 드리까예?**
누구라고 전해 드릴까요?
どちらさまだと伝えればよろしいでしょうか？

지 혜 **아임니더. 제가 다시 전화 드리지예.**
아닙니다. 제가 다시 전화 드리지요.
結構です。私がまたお電話いたします。

정우 상사

아, 그라실람니꺼? 아, 잠시만 기다리 보이소. 저 조샘 오시네예. 조샘! 전화 왔심니더, 전화.

아, 그러시겠습니까? 아, 잠시만 기다려 보세요. 저기 조선생님 오시네요. 조선생님! 전화 왔습니다, 전화.

あ、そうされますか？　あ、少々お待ちください。チョ先生いらっしゃいました。チョ先生！　電話です、電話。

정 우

예? 지 전홥니꺼?

예? 제 전환가요?

え？　私の電話ですか？

정우 상사

예, 조샘 전화요. 여 전화 좀 받아 보소. 전화도 떤지 나놓고 우데 갔다 오능교?

네, 조선생님 전화요. 여기 전화 좀 받아 보세요. 전화도 던져 놓아두고 어디 갔다 오세요?

はい、チョ先生のお電話です。この電話ちょっと出てください。電話も置きっ放しでどこへ行かれてたんですか？

정 우

교실에다가 출석부를 나놓고 와 가지고예.

교실에다가 출석부를 놓아두고 와서요.

教室に出席簿を置いてきちゃいまして。

정우 상사

여 전화나 빨리 받으소.

여기 전화나 빨리 받으세요.

とりあえずこの電話に早く出てください。

정 우

예, 감사함니더. 여보세요….

예, 감사합니다. 여보세요….

はい、ありがとうございます。もしも……。

정우 상사

참, 학생 상담 보고서 오늘까지 아잉교?

참, 학생 상담 보고서 오늘까지 아닌가요?

そうだ、学生の相談報告書、今日までですよね？

정 우

예. 안 그래도 결재 받으러 갈라카던 참임니더.

예. 안 그래도 결재 받으러 가려던 참입니다.

はい。そうでなくても決裁もらいに行こうとしてたところです。

정우 상사

난주 내 자리로 갖고 오이소. 머 하능교? 그 전화나 빨리 받으소.

나중에 내 자리로 가져 오세요. 뭐 하세요? 그 전화나 빨리 받으세요.

後で私の席まで持ってきてください。何してるんですか？　ほら、その電話早く取ってくださいよ。

정 우

아, 예. 통화 빨리 끝내고 결재 받으러 가겠심니더. 여보세요….

아, 예. 통화 빨리 끝내고 결재 받으러 가겠습니다. 여보세요….

あ、はい。電話早く終わらせて決裁もらいに行きます。もしも……。

정우 상사

아 참. 그라고 현관 앞에 화단 청소, 샘 반 담당이지요?

아 참. 그리고 현관 앞의 화단 청소, 선생님 반 담당이지요?

あ、そうだ。それから玄関前の花壇の掃除、先生のクラスの担当ですよね？

정 우

예.

네.

はい。

정우 상사

아까 교무실에서 내려다 보이 아들이 청소는 안 하고 농띠부립디다. 단디 좀 머라 하이소.

아까 교무실에서 내려다 보니까 애들이 청소는 안 하고 농땡이부립디다. 단단히 좀 뭐라 하세요.

さっき教務室から見下ろしたら、子どもたちが掃除せずに怠けていましたよ。しっかり注意してくださいね。

정 우

예, 주의시키 놓겠습니더.
네, 주의시켜 놓겠습니다.
はい、注意しておきます。

정우 상사

머 하능교? 전화 안 받능교?
뭐 하세요? 전화 안 받으세요?
何してるんですか？　電話出ないんですか？

정 우

예? 아, 예. 여보세요? …여보세요? …여보세요! 전화가 와 일노? 여보세요! 여보세요! 말이 하나도 안 들리거든요. 다시 걸어 주실람니까? 여보세요? 다시 걸어 주실….
네? 아, 네. 여보세요? …여보세요? …여보세요! 전화가 왜 이래? 여보세요! 여보세요! 말이 하나도 안 들리거든요. 다시 걸어 주실래요? 여보세요? 다시 걸어 주실….
え？　あ、はい。もしもし？　……もしもし？　……もしもし！　電話がおかしいぞ？　もしもし！　もしもし！　全然聞こえないんですよ。もう一度かけていただけますか？　もしもし？　もう一度かけて……。

지 혜

내다.
나야.
私よ。

정 우

누구심니꺼?
누구세요?
どちらさまですか？

지 혜

내다. 지혜다.
나야. 지혜.
私よ。ジヘ。

정 우

아, 지혜가? 전화가 이거 와 일노? 말이 잘 안 들리고, 감이 머시 이래 머노? 니 으데 외국 가가 있나?

아, 지혜니? 전화가 이거 왜 이래? 말이 잘 안 들리고, 감이 왜 이렇게 멀어? 너 어디 외국 가 있니?

あ、ジヘか？　電話がおかしいぞ？　よく聞こえないし、声（感度）が何でこんなに遠いんだ？　お前どこか外国に行ってるのか？

지 혜

외국이라고 전화 감이 먼 기 우데 있노? 요새 세상이 어떤 세상 인데.

외국이라고 전화 감이 먼 게 어디 있어? 요새 세상이 어떤 세상 인데.

外国だからって電話の声が遠いなんてあるわけないでしょ？　最近の世の中がどんな世の中だと思ってるの。

정 우

나도 안다. 웃길라고 해 본 소리다.

나도 알아. 웃기려고 해 본 소리지.

俺だって知ってるよ。笑わそうと思って言ってみただけだ。

지 혜 **하나도 안 웃긴다.**
하나도 안 웃겨.
全然面白くない。

정 우 **맞나.**
그래?
そうか？

지 혜 **우덴데?**
어디야?
どこにいるの？

정 우 **우데기는 학교지.**
어디긴 학교지.
どこって、学校だよ。

지 혜 **아즉 안 끝났나?**
아직 안 끝났니?
まだ終わってないの？

정 우 **어, 끝날라카먼 아직 좀 멀었다.**
어, 끝나려면 아직 좀 멀었어.
うん、終わらせるにはまだちょっと時間かかる。

지 혜 **저녁에 머 일 있나?**
저녁에 뭐 일 있니?
夜は何か用事あるの？

정 우 **특별한 거는 엄따.**
특별한 건 없어.
特にはないよ。

지 혜 **밥이나 같이 안 물래?**
밥이나 같이 안 먹을래?
ご飯でも一緒に食べない？

정 우 **그라자. 우데서 보꼬?**
그러자. 어디서 볼까?
そうしようか。どこで会う？

지 혜 **서면.**
서면.
西面。

정 우 **몇 시에 보꼬?**
몇 시에 볼까?
何時に会う？

지 혜 **학교에서 나올 때 전화 도.**
학교에서 나올 때 전화 줘.
学校から出る時電話して。

정 우 **그래, 그라자. 난주 보재이.**
그래, 그러자. 나중에 보자.
おう、そうしよう。後でな。

지 혜 **어. 욕바라.**
어. 수고해.
うん。頑張って。

정 우 **어, 그래. 드가재이.**
어, 그래. 들어가라.
おう、分かった。じゃあな。

音声ドラマ

Scene 5
TR-84

ジへに呼び出されたジョンウは、一緒に飲みに出掛ける。元気のないジへ。そんな彼女をジョンウは励ますが……。

점 원 **어서 오이소.**
어서 오세요.
店員 いらっしゃいませ。

정 우 **우데 앉으꼬? 저게 저 구석에 앉으까?**
어디 앉을까? 저기 저 구석에 앉을까?
どこ座ろうか？　あそこの隅っこに座るか？

지 혜 **그라자.**
그러자.
そうしましょ。

점 원 **멀로 하실랍니까?**
뭘로 하시겠습니까?
何になさいますか？

정 우 **멀로 할래?**
뭘로 할래?
何にする？

지 혜 **아무꺼나.**
아무거나.
何でも。

정 우 **아무꺼나 머? 머 무꼬?**
아무거나 뭐? 뭐 먹을래?
何でもって何？　何食べる？

지 혜
니가 묵고 싶은 거로 시키라.
네가 먹고 싶은 거로 시켜.
あんたが食べたいもの頼んで。

정 우
그라까? 유가네는 닭야채 철판볶음밥이 제일 낫다. 그거 묵자.
그럴까? 유가네는 닭야채 철판볶음밥이 제일 나아. 그거 먹자.
そうか？　ユガネ（ユさんの家＝お店の名前）は、鶏肉と野菜の鉄板チャーハンが一番いいよ。それ食べよう。

지 혜
그라자.
그러자.
そうしましょ。

정 우
여게 닭야채 2인분하고예, 사리는 멀로 하꼬?
여기 닭야채 2인분하고요, 사리는 뭘로 할까?
じゃあ鶏野菜２人前と、麺は何にする？

지 혜
니 알아서 시키라.
네가 알아서 시켜.
あなたに任せる。

정 우
감자 사리 한 개 하고예, 냉멘도 맛있는데.
감자 사리 한 개 하고요, 냉면도 맛있는데.
ジャガイモ麺一つと、冷麺もおいしいんだけど。

지 혜
다 물 수 있나?
다 먹을 수 있어?
全部食べられるの？

정 우
그래 마이 안 나온다. 물냉멘도 하나 주이소.
그렇게 많이 안 나와. 물냉면도 하나 주세요.
そんなに多くは出ないよ。水冷麺も一つください。

점 원

예, 예. 확인 한 번만 하께예. 닭야채 2인분, 감자 사리 하나, 물냉면 하나, 맞습니꺼?

예, 예. 확인 한 번만 할게요. 닭야채 2인분, 감자 사리 하나, 물냉면 하나, 맞나요?

はい、はい。ご確認しますね。鶏野菜２人前、ジャガイモ麺一つ、水冷麺一つ、よろしいですか？

정 우

예.

네.

はい。

점 원

마시는 건 멀로 하실람니꺼?

마시는 건 뭘로 하시겠어요?

お酒は何になさいますか？

정 우

마시는 거는….

마시는 거는….

飲み物は……。

지 혜

시원 하나 주이소.

시원 하나 주세요.

C１（釜山でよく飲まれている焼酎）、一つください。

점 원

예, 알겠심니더. 감사합니다. 15번 테이블에 닭야채 두 개….

네, 알겠습니다. 감사합니다. 15번 테이블에 닭야채 두 개….

はい、かしこまりました。ありがとうございます。15番テーブルに鶏野菜二つ……。

정 우

니 쏘주 벨로 안 좋아한다 안 했나? …야!

너 소주 별로 안 좋아한다 안 했냐? …야!

お前、焼酎あまり好きじゃないって言ってなかったっけ？ ……おい！

지 혜

와?
왜?
何？

정 우

와?
왜?
何？

지 혜

머가?
뭐가?
何が？

정 우

참말로… 와?
진짜… 왜?
まったく……何で？

지 혜

머시?
뭐가?
何が？

정 우

야가…, 와? …머꼬?
얘가…, 왜? …뭐야?
こいつどうしたんだ？　……何？

지 혜

암껏도 아이다.
아무것도 아냐.
何でもない。

정 우

에헤이, 참말로….
어이구, 참 나….
ああ、まったく……。

점 원

여게 시원예.

여기 시원이요.

こちらＣ１です。

정 우

한잔 무야. 말보따리가 끼라질란갑지? 머꼬? 야가 와 이라노? 건배는 해야 델 꺼 아이가. 어이 좀 보소, 아가씨! 내 술잔 빈 거는 비능교 안 비능교? 여도 좀 따라 주 보이소. 자요. 에헤이, 야가 진짜 와 이라노?

한잔 먹어야. 말보따리가 길어질 모양이지? 뭐야? 얘가 왜 이래? 건배는 해야 될 거 아냐. 애 좀 봐, 아가씨! 내 술잔 빈 거 보여요? 안 보여요? 여기도 좀 따라 주시죠. 자요. 나 참, 얘가 진짜 왜 이래?

１杯飲めよ。話が長くなる感じだもんね？　何だよ？　お前どうしたんだ？　乾杯はしなくちゃ。おい、ちょっと、お嬢さん！　俺のグラス空っぽなのが見えますか？　見えませんか？　ここにもちょっとついでくださいよ。さあ。おいおい、こいつ本当にどうしたんだ？

지 혜

흑흑….

흑흑….

しくしく……。

정 우

참말로, 아도 아이고 짬보맹키로…. 무슨 일인데? 와? 애인한테 차이기라도 했나?

이런 참, 애도 아니고 울보같이…. 무슨 일인데? 왜? 애인한테 차이기라도 했나?

まったく、子どもじゃないんだから泣き虫みたいに……。何があったんだ？　どうした？　恋人にフラれでもしたのか？

지 혜

어.

어.

うん。

정 우 **어?**
어?
え？

지 혜 **어.**
어.
うん。

정 우 **어?**
어?
そう？

지 혜 **어. 내 차있다, 그 사람한테. 헤어지자카드라. 인자 고만 보자카드라.**
어. 나 차였어, 그 사람한테. 헤어지자더라. 인제 그만 보자더라.
そうよ。私フラれたの、あの人に。別れようってさ。もう会うのやめようってさ。

정 우

진짜가?
진짜?
本当なのか？

지 혜

흑흑…우째, 우째 지가 내한테 이랄 수가 있노? 우째 헤어지자 칼 수가 있노? 우째….
흑흑…어떻게, 어떻게 쟤가 나한테 이럴 수가 있어? 어떻게 헤어지자고 할 수가 있어? 어떻게….
どうして、どうしてあいつが私にこんなことできるの？　どうして別れようなんて言えるの？　どうして……。

정 우

자, 한잔 무라.
자, 한잔 해라.
ほら、１杯飲めよ。

지 혜

인자 우야꼬….
이제 어떡해….
これからどうすればいいの……。

정 우

우야기는 머슬…. 시간 날 때 으데 바람이나 쎄러 가자. 요 시원 하나 더 주이소!
어떡하기는 뭘…. 시간 날 때 어디 바람이나 쐬러 가자. 여기 시원 하나 더 주세요!
どうするって何を……。時間あるときに風でもあたりに行こうぜ！　すみません、Ｃ１もう一つください！

音声ドラマ

Scene 6

TR-85

ジヘを元気づけようとジョンウ夫妻は、いい景色を見せて気分転換させようと彼女を登山に誘う。初めは3人で登山を楽しんでいたが……。

정 우 ＜ **그게 그 돌뻬이 디기 미끄럽다. 조심해가 디더라.**
거기 그 돌멩이 되게 미끄럽다. 조심해서 디뎌.
そこのその小石すごい滑るぞ。気を付けて歩けよ。

정우처＜ **돌이 와 이래 많응교? 아이고 데라.**
돌이 왜 이렇게 많아요? 아이고 힘들어라.
石がどうしてこんなに多いのかしら？　ああ、疲れた。

정 우 ＜ **돌이 너덜너덜하다고 ‘너덜길’ 이라캤는가? 이 길이 천연기념물이 델 끼란다.**
돌이 너덜너덜하다고 ‘너덜길’ 이라 했나? 이 길이 천연기념물이 될 거래.
石がごろごろしてるっていうことから「ごろごろ道」っていうんだっけ？　この道、天然記念物になるらしいぞ。

지 혜 ＜ **등산 좋아하는 남편이랑 같이 살믄은 산에 자주 댕기겠네예?**
등산 좋아하는 남편이랑 같이 살면 산에 자주 다니겠네요?
登山好きな旦那さんと一緒に暮らすと山によく来られますよね？

정우처＜ **우데예. 지는 산 타는 거 벨로 안 좋아합니더.**
아니요. 저는 산 타는 거 별로 안 좋아해요.
いいえ。私は山登るのはあまり好きじゃないんです。

정 우 ＜ **맨날 내 혼자 댕긴다 아이가.**
맨날 나 혼자 다니잖아.
いつも俺一人で行くじゃん。

정우처

처음에는 멧 번 따라댕기 밨는데, 데기도 억수로 데고 다리도 아푸고 해사가 고만둤어예. 지혜 씨는 산에 자주 댕김니꺼?

처음에는 몇 번 따라다녀 봤는데, 힘들기도 엄청 힘들고 다리도 아프고 해서 그만뒀어요. 지혜 씨는 산에 자주 다녀요?

最初は何回かついていってみたんですけど、すごく疲れるし、脚も痛くなるし、やめたんです。ジヘさんは山によく行かれるんですか？

지 혜

예. 등산하는 동호회에 들어나가 한 달에 한두 번은 산에 댕깁니더.

네. 등산하는 동호회에 들어놓아서 한 달에 한두 번은 산에 다녀요.

はい。登山する同好会に入っていて、1カ月に1、2回は山へ行きます。

정우처

지는 범어사로 해가 금정산성에 올라갈 수 있다는 얘기도 오늘 첨 들었어예.

저는 범어사로 해서 금정산성에 올라갈 수 있다는 얘기도 오늘 처음 들었어요.

私は梵魚寺から金井山城へ行くことができるってことも、今日初めて聞いたんですよ。

정 우

산성마을에 흑염소 무러 그래 댕깄는데도 맨날 차만 타고 올라다이다 보이 몰랐제?

산성마을에 흑염소 먹으러 그렇게 다녔는데도 맨날 차만 타고 올라다니다 보니 몰랐지?

山城村に黒ヤギを食べにあんなに通ってたのに、いつも車乗って行ったり来たりするだけだったから、知らなかっただろ？

정우처

아이고, 아이고 데라.

아이고, 아이고 힘들어.

あーあ、あー、疲れた。

지 혜 **좀 쉬었다 가까예?**
좀 쉬었다 갈까요?
ちょっと休んでから行きますか？

정우처 **예, 그라입시더. 좀 앉았다 가입시더. 아따, 데다. 나가 들어노이 산에도 몬 다이겠네.**
네, 그래요. 좀 앉았다 가요. 아휴, 힘들다. 나이가 들어서 산에도 못 다니겠네.
ええ、そうしましょう。ちょっと座ってから行きましょう。ああ、疲れた。年取ったので山にも行けないわね。

정 우 **아따 참말로. 요까지 잠깐 올라오는데 벌써 몇 번째 쉬노? 다 올라가도 몬해가 중간에서 해 떨어지겠다.**
아이 참. 여기까지 잠깐 올라오는데 벌써 몇 번째 쉬는 거야? 다 올라가지도 못하고 중간에서 해 떨어지겠다.
まったく。ここまでちょっと登っただけなのに、もう何回休んでるんだ？　最後まで登れずに途中で日が暮れちまうよ。

정우처 **아직 그래 마이 남았능교?**
아직 그렇게나 많이 남았어요?
まだそんなにたくさん残ってるんですか？

지 혜 **우데예, 인자 다 왔어예. 쪼매만 더 올라가믄 산만딤니더. 거서부터는 에북 걷기 좋아예.**
아니에요, 이제 다 왔어요. 조금만 더 올라가면 산꼭대기예요. 거기서부터는 제법 걷기 좋아요.
いいえ、もうほぼ登りましたよ。あとちょっとだけ登れば山のてっぺんです。そこからはかなり歩きやすいですよ。

정우처 **금정산은 이름이 와 금정산잉교?**
금정산은 이름이 왜 금정산이죠?
金井山は、何で金井山という名前なんですか？

정 우

금빛 나는 물고기가 오색 구름을 타고 하늘에서 내리와가 산마루에 있는 우물에서 놀았다네. 그래가 이름이 금정산이 뎄다카드라.

금빛 나는 물고기가 오색 구름을 타고 하늘에서 내려와 산마루에 있는 우물에서 놀았대. 그래서 이름이 금정산이 됐다더라.

金色の魚が５色の雲に乗って空から降りてきて、てっぺんにある井戸で遊んだんだって。それで名前が金井山になったらしいよ。

지 혜

지금도 산 정상 근처에 그 전설이 담긴 '금샘' 이 있다 아임니꺼.

지금도 산 정상 근처에 그 전설이 담긴 '금샘' 이 있잖아요.

今でも山の頂上の近くにその伝説の「金の泉」があるじゃないですか。

정우처

나는 고마 요서 기다리믄 안 뎀니꺼? 둘이서 댕기오이소.

나는 그만 여기서 기다리면 안 돼요? 둘이 다녀오세요.

私はもうここで待っていちゃだめですか？　２人で行ってきてください。

정 우

요서 기다린다꼬? 억수로 기다리야 뎰 낀데?

여기서 기다린다고? 많이 기다려야 될 텐데?

ここで待つって？　結構待たなきゃいけないと思うけど？

정우처

을마나예?

얼마나요?

どれくらいですか？

정 우

한 한 달은 기다리야 뎰꺼를? 다음에 다시 올 때까지.

한 한 달은 기다려야 될걸? 다음에 다시 올 때까지.

だいたい１カ月は待たなきゃいけないんじゃない？　また次来るまで。

정우처

먼 소링교?

무슨 소리예요?

どういう意味ですか？

정 우

내리갈 때는 금강공원으로 해가 내리갈 끼거덩. 일로 안 올 끼다.

내려갈 때는 금강공원으로 해서 내려갈 거거든. 여기로 안 올 거야.

降りる時は金剛公園を通って降りるからさ。こっちには来ないぜ。

정우처

와예? 와 글로 가능교?

왜요? 왜 그리로 가는데요?

どうして？　どうしてそっちに行くんですか？

지 혜

요 우에 금정산성 북문이 있거든예. 그서부터 능선을 따라 걸어가다 보믄 동문이 나오고 그서 쪼매 더 가믄 남문입니더. 남문에서 산을 타고 내리가면 온천장 금강공원입니더. 그 코스로 갈라는갑네예.

이 위에 금정산성 북문이 있거든요. 거기서부터 능선을 따라 걸어가다 보면 동문이 나오고 거기서 좀 더 가면 남문이에요. 남문에서 산을 타고 내려가면 온천장 금강공원이에요. 그 코스로 가려는가 봐요.

この上に金井山城の北門があるんですよ。そこから稜線《りょうせん》をたどって歩いていくと東門が出てきて、そこからもうちょっと歩くと南門です。南門から山伝いに下っていくと、温泉場金剛公園ですよ。そのコースで行こうとしてるんだと思います。

정우처

요서 금강공원까지 걸어간다꼬예? 옴마야, 함부레. 지는 요서 내리갈람니더.

여기서 금강공원까지 걸어간다고요? 엄마야, 무슨 소리. 저는 여기서 내려갈래요.

ここから金剛公園まで歩いていくですって？　まあ、やめてください。私はここから下ります。

정 우

오랜만에 등산 왔는데 또 와 이라노? 요게 요 산만디꺼정만 올라가믄은 그서부터는 그래 안 데다.

오랜만에 등산 왔는데 또 왜 이래? 여기 이 산꼭대기까지만 올라가면 거기서부터는 그렇게 안 힘들어.

久しぶりに登山に来たのに、何でまたそんなこと言うんだ？　この山のてっぺんまで登りさえすれば、そこからはそんなに疲れないよ。

지 혜

맞아예. 힘든 거는 요게가 담니더. 날씨도 좋고 해가 경치도 좋을 낌니더. 부산 시내가 한눈에 보인다 아임니꺼. 참 좋아예.

맞아요. 힘든 건 여기가 다예요. 날씨도 좋고 하니 경치도 좋을 거예요. 부산 시내가 한눈에 보이거든요. 참 좋아요.

そうですよ。疲れるのはここで終わりです。天気もよくて景色もいいと思いますよ。釜山市内が、一望できるんです。とてもいいですよ。

정우처

벌써로 다리가 아파가 죽겠구마는….

벌써 다리 아파 죽겠는데….

もうすでに足が痛くてたまらないんだけど……。

지 혜

힘들면 또 쉬었다가 가고, 쉬었다가 가고 해사믄서 쉬엄쉬엄 걸으입시더.

힘들면 또 쉬었다가 가고, 쉬었다가 가고 하면서 쉬엄쉬엄 걸읍시다.

疲れたらまた休んで登って、休んで登ってというように、休み休み歩きましょう。

정우처

내가 몬산다. 산에 간다카길래 으데 째맨한 데 올라가는 줄 알았드마는.

내가 못살아. 산에 간다고 하길래 어디 작은 데 올라가는 줄 알았더니만.

もうやってられない。山に登るっていうから、どこかの小さいのに登るのかなって思ったら。

지혜
남문까지만 가믄은 동래 파전에 산성 막걸리 한잔하고 거서부터는 케이블카 타고 내리가지예.
남문까지만 가면 동래 파전에 산성 막걸리 한잔하고 거기서부터는 케이블카 타고 내려가죠.
南門まで行ったら、そこで東莱パジョンに山城マッコリ１杯飲んで、そこからはケーブルカー乗って降りましょう。

정우처
케이블카예? 그라믄 남문까지만 가믄 뎁니꺼?
케이블카요? 그럼 남문까지만 가면 돼요?
ケーブルカーですか？　それじゃあ南門まで行けばいいんですね？

지혜
예, 그라지예. 북문에서 남문까지는 그래 안 뎁니더.
네, 그래요. 북문에서 남문까지는 그렇게 안 힘들어요.
はい、そうです。北門から南門まではそんなに疲れないですよ。

정우처

어떻능교? 케이블카 탄다카믄 갈 끼고, 아이믄 지는 여서 내리갈람니더.

어쩔래요? 케이블카 탄다고 하면 가고, 아니면 저는 여기서 내려갈래요.

どうします？　ケーブルカー乗るんだったら行くし、そうじゃなかったら私はここで下ります。

정 우

예, 예. 그래하입시더. 싸모님이 그라자카는데 우째 안 그라고 배기겠습니꺼? 그라지예. 내리갈 때는 케이블카 타입시더.

네, 네. 그러시죠. 사모님이 그러자는데 어떻게 안 그러고 배기겠습니까? 그러지요. 내려갈 때는 케이블카 탑시다.

はいはい。そうしましょう。奥さまがそうしようとおっしゃっているのに、どうして断ることができますか？　そうしましょう。下るときはケーブルカーに乗りましょう。

정우처

맛있는 산성 막걸리 생각하이 힘이 쫌 나네예.

맛있는 산성 막걸리 생각하니 힘이 좀 나네요.

おいしい山城マッコリを考えたら、ちょっと力湧いてきました。

지 혜

글치예? 자 천처이 또 함 걸어 보까예?

그렇죠? 자 천천히 또 한번 걸어 볼까요?

そうでしょう？　じゃあ、ゆっくりまた歩いてみますか？

정우처

그라입시더.

그러시죠.

そうしましょう。

정 우

돌삐이 있는 데로 글로 가지 말고 일로 온나.

돌 있는 데로 거기로 가지 말고 이리로 와.

石がある所に、そっちに行かないで、こっちに来な。

音声ドラマ

Scene 7

TR-86

ジヘはジョンウと共に映画を見に行くことになった。釜山国際映画祭が開かれる釜山は映画の街。上映前に２人は映画の話で盛り上がる。

정 우

니 덕분에 오랜만에 영화 함 보겠네.

네 덕분에 오랜만에 영화 한번 보겠네.

お前のおかげで久しぶりに映画見れるな。

지 혜

내 덕분은 무슨…. 내가 니 덕 보는 기지 머. 실연당한 친구 위로하느라 니가 욕본다. 등산도 델꼬 가고, 극장에도 델꼬 다이고.

내 덕분은 무슨…. 내가 네 덕 보는 거지 뭐. 실연당한 친구 위로하느라 네가 고생한다. 등산도 데려가고, 극장에도 데리고 다니고.

私のおかげだなんて……。私があんたに助けられてるのよ。失恋した友達なぐさめようって、あんたが大変ね。登山にも連れて行って、映画館にも連れて行って。

정 우

욕보는 거 하나도 없다. 어짜피 휴일날 벨로 할 일도 없는데 머. 요새는 좀 어떻노?

고생이랄 거 하나도 없어. 어차피 휴일날 별로 할 일도 없는데 뭐. 요새는 좀 어때?

大変なことは一つもないさ。どっちにしろ休みの日あまりすることないんだし。最近はどうだ？

지 혜

아직 멍하이 좀 글네.

아직 멍하니 좀 그렇네.

まだぼーっとしたり、ちょっとね。

정 우

밥은 묵고 사나? 니 한 열흘 새 마이 애빘대이.

밥은 먹고 사냐? 너 한 열흘 사이 많이 야위었네.

飯はちゃんと食べてるのか？　お前、10日間の間にだいぶやつれたな。

지 혜

애비기는… 아이다.

야위기는… 아니야.

やつれたなんて……、そんなことないわ。

정 우

아이가. 야 바래이. 몸무게 달아 봤나? 니 완저이 빼짝 애빘다. 안 데겠다. 오늘 영양 보충 함 시키 주께. 영화 끝나고 머 물 낀지 딱 생각해 나라.

어허. 애 좀 봐. 몸무게 달아 봤어? 너 완전히 바짝 말랐어. 안 되겠다. 오늘 영양 보충 좀 시켜 줄게. 영화 끝나고 뭐 먹을 건지 딱 생각해 놔.

ほら。ちょっと待てよ。体重測ってみたか？　お前完全に痩せこけてるぜ。だめだ。今日は栄養補充しなきゃな。映画終わってから何食べたいかちゃんと考えておけよ。

지 혜

개한타. 잘 묵고 산다.

괜찮아. 잘 먹고 살아.

大丈夫よ。ちゃんと食べてるもの。

정 우

아이다, 아이다. 거울 좀 바라. 뻭다구삐이 안 남았구마는. 고마마 입 딱 다물고 오랜만에 영양 보충 함 해라. 사 준다 할 때 무라. 이런 날도 자주 엄따.

아냐, 아냐. 거울 좀 봐. 뼈밖에 안 남았구만. 그냥 입 딱 다물고 오랜만에 영양 보충 좀 해. 사 준다고 할 때 먹어. 이런 날도 자주 없다.

いや、いや。鏡見てみろ。骨しか残ってないじゃないか。そのまま黙って久しぶりに栄養補給ちょっとしろ。おごってやるって言ってる時に食べろよ。こんな日もそんなにないぞ。

지 혜

그래, 그래. 그라자.

그래, 그래. 그러자.

分かった、分かった。そうしましょ。

정 우

니 '2009 로스트메모리즈' 밨다캤제? 장동거이하고 일본 배우하고 나오던 영화.

너 '2009 로스트메로리즈' 봤다고 했지? 장동건하고 일본 배우하고 나오던 영화.

お前『ロスト・メモリーズ』見たって言ってただろ？　チャン・ドンゴンと日本の俳優が出てた映画。

지 혜

어, 밨다.

어, 봤어.

うん、見たわよ。

정 우

그라믄 알 수도 있겠네. 요게 요 와 바바.

그러면 알 수도 있겠네. 여기 좀 와 봐봐.

それなら分かりそうだな。ちょっとこっち来いよ。

지 혜

와?

왜?

何で？

정 우

요 와 바바. 요게 요 서가 저게 저 좀 바바. 그 영화 속에 한 장면 안 떠오르나?

여기 와 봐봐. 여기 서서 저기 좀 봐봐. 그 영화 속 한 장면 안 떠오르니?

ここ来てみろって。ここに立ってあそこちょっと見てみろよ。あの映画のワンシーン思い浮かばないか？

지 혜

영화 속에? 몰라.

영화 속? 몰라.

映画の中？　分からないわ。

정 우

폭탄이 터지든 거리 장면 안 떠오르나? 맨홀 뚜껑이 날아와가 경찰차에 쎄리 꽂히던 장면 안 있나.

폭탄 터지던 거리 장면 안 떠올라? 맨홀 뚜껑이 날아와서 경찰차에 냅다 꽂히던 장면 있잖아.

爆弾が爆発する通りの場面思い浮かばないか？　マンホールのふたが飛んできて、パトカーにいきなり突き刺さるシーンあるじゃん。

지 혜

아아, 기억 난다. 그가 요가?

아아, 기억 나. 거기가 여기야?

ああ、思い出した。それがここ？

정 우

그래, 그가 요다 아이가. 요새 부산에서 촬영하는 영화가 억수로 많은갑더라.

그래, 거기가 여기잖아. 요새 부산에서 촬영하는 영화가 되게 많은가 보더라.

そうだよ、それがここだよ。最近釜山で撮影する映画が結構多いみたいだな。

지 혜

‘친구’ 영화도 전부 부산에서 찍었다메. ‘친구’ 에도 장동건 나오잖아. 장동건은 부산하고 인연이 많은갑다.

‘친구’ 영화도 전부 부산에서 찍었다며. ‘친구’ 에도 장동건 나오잖아. 장동건은 부산하고 인연이 많은가 봐.

『友へ チング』っていう映画も全部釜山で撮影したらしいじゃない。『友へ チング』にもチャン・ドンゴン出るものね。チャン・ドンゴンは釜山と縁が深いみたいだね。

정 우

금마 내 친구 아이가!

그 녀석 내 친구잖아!

そいつ俺の友達じゃん！

지 혜

웃길라고 하는 소리가? 욕 물라고 하는 소리가?

웃기려고 하는 소리야? 욕 먹으려고 하는 소리야?

笑わせようと思って言ってるの？　小言言われたくて言ってるの？

정우

마이 묵다 아이가!

많이 먹었잖아!

もういっぱい言われてるよ！

지혜

욕 물라고 하는 소리제?

욕 먹으려고 하는 소리지?

小言言われたくて言ってるのね？

정우

좀 웃고 살자! 특히 중앙동하고 광복동이 영화에 마이 등장한단다. '인정사정 볼 것 없다' 첫 장면도 바로 요 근처 40계단에서 찍은 거 아이가.

좀 웃고 살자! 특히 중앙동하고 광복동이 영화에 많이 등장한대. '인정사정 볼 것 없다' 첫 장면도 바로 이 근처 40계단에서 찍은 거잖아.

ちょっと笑って生きようぜ！　特に中央洞と光復洞が映画によく登場するんだってさ。『NOWHERE 情け容赦なし』の初めのシーンも、まさにこの近所の40階段で撮ったじゃん。

지혜

'내 여자친구를 소개합니다' 얘기는 들었다. 오뎅 묵던 포장마차 장면이랑 전지현이랑 고삐리들이랑 싸우는 장면이 광복동에서 찍은 거라메?

'내 여자친구를 소개합니다' 얘기는 들었어. 어묵 먹던 포장마차 장면이랑 전지현이랑 고딩들이랑 싸우는 장면이 광복동에서 찍은 거라며?

『僕の彼女を紹介します』の話は聞いたわ。おでん食べてる屋台のシーンと、チョン・ジヒョンと高校生たちがけんかするシーンが光復洞で撮影されたんだって？

정우

'올드보이' '친절한 금자씨' 다 세도 몬한다. 요새는 부산에서 찍는 영화가 천지빼까리다.

'올드보이' '친절한 금자씨' 다 세지도 못해. 요새는 부산에서 찍는 영화가 널렸어.

『オールド・ボーイ』『親切なクムジャさん』全部数え切れないな。最近は釜山で撮る映画が多くなった。

지 혜

옛날부터 많았는가?

옛날부터 많았나?

昔から多かったんだっけ？

정 우

해운대나 다대포맹키로 옛날에는 부산에서 안 찍으믄 안 데는 장면을 주로 부산에서 찍었는데, 요새는 일반적인 도시 풍경도 부산에서 찍는갑더라.

해운대나 다대포처럼 옛날에는 부산에서 안 찍으면 안 되는 장면을 주로 부산에서 찍었는데, 요새는 일반적인 도시 풍경도 부산에서 찍나 보더라.

海雲台とか多大浦みたいに昔は、釜山で撮らなきゃだめなシーンを主に釜山で撮ってたんだけど、最近は一般的な都市の風景も釜山で撮るみたいだぜ。

지 혜

와 부산에서 찍는고?

왜 부산에서 찍는데?

何で釜山で撮るの？

정 우

부산시가 적극적으로 지원을 해 주거든.

부산시가 적극적으로 지원을 해 주거든.

釜山市が積極的に支援をしてくれるのさ。

지 혜

무슨 지원?

무슨 지원?

何の支援？

정 우 **길거리에서 영화를 찍을라먼 사람도 통제하고 차도 통제하고 해야 델 거 아이가? 그랄라믄 시에서 허가도 받아야 데고, 경찰 도움도 받아야 데고. 그런 절차를 부산에서 적극적으로 지원해 준다 아이가.**

길거리에서 영화를 찍으려면 사람도 통제하고 차도 통제하고 해야 되잖아. 그러려면 시에 허가도 받아야 되고, 경찰 도움도 받아야 되고. 그런 절차를 부산에서 적극적으로 지원해 주는 거지.

道で映画を撮るとなると、人も車も統制しなきゃいけなくなるだろ？　そうするには市に許可ももらわなきゃいけないし、警察の助けも必要になるし。そういう手続きを釜山で積極的に支援してくれるんだ。

지 혜 **부산시에서 와 그런 지원을 하는데?**

부산시에서 왜 그런 지원을 하는데?

釜山市では何でそういう支援をするの？

정 우 **부산국제영화제 안 있나? 그 영화제 성공을 기점으로 해가 부산을 영화의 도시로 만들라는 전략 아이가. 부산 하면 영화가 딱 떠오르구로. 부산국제영화제 선전에도 '영화의 바다로 오세요' 안 하드나.**

부산국제영화제 있잖아? 그 영화제 성공을 기점으로 해서 부산을 영화의 도시로 만드려는 전략이지. 부산 하면 영화가 딱 떠오르도록. 부산국제영화제 선전에도 '영화의 바다로 오세요' 라고 하잖아.

釜山国際映画祭あるだろ？　あの映画祭の成功を起点に、釜山を映画の都市にする戦略じゃないか？　釜山といえば映画が一番に思い浮かぶように。釜山国際映画祭の宣伝にも「映画の海へようこそ」って書いてあるじゃないか。

지 혜 **그 바다가 부산 바다겠네.**

그 바다가 부산 바다겠네.

その海が釜山の海ってことね。

정 우

그렇지! 바로 그기지. 어, 극장 앞에 다 왔다. 시간도 다 됐네. 바로 드가까?

그렇지! 바로 그거지. 어, 극장 앞에 다 왔다. 시간도 다 됐네. 바로 들어갈까?

そうそう！　そういうこと。お、映画館に着いたな。時間ももうすぐだし。すぐ入ろうか？

지 혜

고구마튀김이라도 사가 드가자. 무믄서 보거로.

고구마튀김이라도 사서 들어가자. 먹으면서 보게.

さつまいもフライでも買って入りましょ。食べながら見ようかなって。

정 우

그라까? 아줌마, 이거 한 봉지 얼망교?

그럴까? 아줌마, 이거 한 봉지 얼마예요?

そうするか？　おばさん、これ１袋いくらですか？

音声ドラマ

Scene 8

TR-87

悲しみを乗り越えて、ある決心をしたジヘ。その決心に戸惑うジョンウ。そんな中、青沙浦に出掛けた２人は……。

지 혜

너무 좋다. 여 서 있으니까 바다 한가운데 서 있는 거 같다. 숨이 확 트이네.

너무 좋다. 여기 서 있으니까 바다 한가운데 서 있는 거 같다. 숨이 확 트이네.

すごくいいわ。ここに立ってると、海の真ん中に立ってるみたい。気持ちがすっきりするわね。

정 우

오랜만에 오이 좋네.

오랜만에 오니 좋네.

久しぶりに来るといいもんだな。

지 혜

청사포가 부산에서 제일로 부산스러운 데 안 같나?

청사포가 부산에서 제일 부산다운 데 같지 않니?

青沙浦が釜山で一番釜山らしい場所だと思わない？

정 우

글네.

그렇네.

そうだな。

지 혜

방파제에 올라서믄은 바다가 비고, 갈매기는 손에 잽힐랑 말랑하이 날고, 해벤가에는 해산물 꿉는 냄새가 모락모락 해쌓고. 냄시 나제?

방파제에 올라서면 바다고 보이고, 갈매기는 손에 잡힐듯 말듯하게 날고, 해변가에는 해산물 굽는 냄새가 모락모락 나고. 냄새 나지?

防波堤に登れば海も見えるし、カモメは手で届くか届かないかくらいで飛んでるし、浜辺では海産物を焼く匂いがもくもくしてるし。匂いするでしょ？

정 우

나네.

나네.

するね。

지 혜

저게 저 등대 바라. 둘이 쪼롬하이 서 있는 게 자매 같다. 그자? 하얀 기 언니고 빨간 기 동생 안 같나?

저기 저 등대 봐. 둘이 나란히 서 있는 게 자매 같다. 그치? 하얀 게 언니고 빨간 게 동생 같지 않니?

あそこの灯台見て。２人並んで立ってるの姉妹みたいじゃない？　白い方がお姉ちゃんで、赤い方が妹みたいじゃない？

정 우

같네.

같아.

そうだな。

지 혜

청사포에 전해 내려오는 애절한 얘기 아나?

청사포에 전해 내려오는 애절한 얘기 알아?

青沙浦で昔から伝わる切ない話、知ってる？

정 우

몰라.

몰라.

知らない。

지 혜 **한 여인이 청사포에 시집을 왔는데, 고기잡이 나간 남편을 바우우에서 기다리다 죽었다네. 그 자리에 소나무가 자랐단다. 그 소나무가 망부송이라캐가, 아직 어데 있는갑드라. 한 350년 묵은 나무라카든데.**

한 여인이 청사포에 시집을 왔는데, 고기잡이 나간 남편을 바위 위에서 기다리다 죽었다더라고. 그 자리에 소나무가 자랐대. 그 소나무가 망부송이라는데, 아직 어디 있는가 봐. 한 350년 묵은 나무라던데.

ある女の人が青沙浦に嫁いで来たんだけど、魚を取りに出掛けた夫を岩の上で待っていて、死んでしまったらしいの。そこの場所に松の木が育ったんだって。その松の木が「望夫松」っていうんだけど、まだどこかにあるらしいわよ。350年も前からある木なんだって。

정 우 **맞나.**

그래?

そうか？

지 혜 **그 이야기 땜시 그런 긴가 저 등대도 둘이서 저래 서가 바다를 보멘서 누구 기다리는 거 같다.**

그 이야기 때문에 그런가 저 등대도 둘이서 저렇게 서서 바다를 보면서 누구 기다리는 거 같다.

その話のせいかしら、あの灯台も２人でああやって立って海を見ながら、誰かを待っているみたい。

정 우 **안 춥나?**

안 춥니?

寒くないか？

지 혜 **벨로.**

별로.

別に。

정 우 < **맞나.**
그래.
そうか。

지 혜 < **파도 부딪히는 거 좀 바라. 밀리와가 하야이 뿌사지고, 또 밀리와가 또 뿌사지고. 파도가 방파제한테 깔롱 지기는 거 같다. 호호호, 우스버라. 저 바바. 등대 발 밑에서 파도가 깔짝깔짝거린다 그자? 호호호.**
파도 부딪히는 것 좀 봐. 밀려와서는 하얗게 부서지고, 또 밀려와서는 또 부서지고. 파도가 방파제한테 애교 떠는 거 같다. 호호호, 우습다. 저기 봐봐. 등대 발 밑에서 파도가 깔짝깔짝거린다 그치? 호호호.
波が当たるの見てみて。押し寄せてきては白く砕けて、また押し寄せてきては砕けて。波が防波堤に愛嬌を振りまいてるみたい。ははは、面白いわ。あそこ見てみて。灯台の下で波ざぶーん、ざぶーんってしてるわ、でしょ？　ははは。

정 우 **어….**
어….
おう……。

지 혜 **하. 저 풍경을 인자 한동안 몬 본다고 생각하이 쪼매 섭섭하네.**
하. 저 풍경을 이제 한동안 못 본다고 생각하니 조금 섭섭하네.
ふう。あの風景をもうしばらく見られないって考えたら、ちょっと寂しいわね。

정 우 **출국 준비는 잘 데가나?**
출국 준비는 잘 되어가니?
出発準備は順調か？

지 혜 **아. 얼쭈 마무리 뎄다.**
아. 거의 마무리 됐어.
うん。もうほとんど済んだ。

정 우 **맞나.**
그래.
そうか。

지 혜 **오늘은 날이 맑아노이 바다도 하늘도 멀리까지 센멩하네. …야!**
오늘은 날이 맑으니 바다도 하늘도 멀리까지 선명하네. …야!
今日は天気が晴れてるから、海も空も遠くまで鮮やかだわ……。ねえ！

정 우 **어?**
어?
うん？

지 혜 **멩하이 머 하노? 자부나?**
멍하니 뭐 해? 자나?
ぼーっとしちゃってどうしたの？　寝てるの？

정 우

자불기는….

자기는….

寝てるもんか……。

지 혜

아래께 테레비 보니까 청사포 앞바다에서 배 낚시도 많이 한다드만, 우째 오늘은 안 비네.

그제 텔레비전 보니까 청사포 앞바다에서 배 낚시도 많이 한다더니, 어째 오늘은 안 보이네.

おとといテレビ見てたら、青沙洞の沖で船釣りもいっぱいしてたんだけど、何だか今日は見えないわね。

정 우

야!

야!

おい！

지 혜

놀래라. 아 떨어지겄다. 와?

놀래라. 애 떨어지겠다. 왜?

びっくりした。心臓止まるかと思った。どうしたのよ？

정 우

니, 니, 안 춥나?

너, 너, 안 추워?

お前、お前、寒くないか？

지 혜

와 자꾸 물어 쌓노? 와? 춥나?

왜 자꾸 물어 봐? 왜? 추워?

何で何回も聞くの？　何で？　寒いの？

정 우

아니 머. 니 안 춥나 싶어서.

아니 뭐. 너 안 춥나 싶어서.

いや、何か。お前寒くないのかなって思って。

지 혜

걷기도 마이 걷고 했으이 어데 좀 드가까?

걷기도 많이 걷고 했으니 어디 좀 들어갈까?

結構歩いたし、どこかちょっと入る？

정 우 **머 쫌 무까?**
뭐 좀 먹을까?
何かちょっと食べようか？

지 혜 **그래도 좋고.**
그래도 좋고.
そうしてもいいしね。

정 우 **머 물래? 붕장어 꾸이집도 비고, 숯불 조개 꾸이집도 비네.**
뭐 먹을래? 붕장어 구이집도 보이고, 숯불 조개 구이집도 보이네.
何食べたい？　アナゴ焼きの店も見えるし、貝の炭火焼の店も見えるな。

지 혜 **조개나 한 접시 꾸 무까?**
조개나 한 접시 구워 먹을까?
貝でも１皿焼いて食べようか？

정 우 **그라든지. 저게 저 집 가자. 저가 제일 유멩하드라.**
그러든지. 저기 저 집 가자. 저기가 제일 유명하더라.
そうだな。あそこの店に行こう。あそこが一番有名らしいぜ。

音声ドラマ

Scene 9

TR-88

青沙浦からの帰り道、海辺の屋台でお酒を飲むジョンウとジヘ。しかし、店のおばさんのひと言をきっかけに口論を始める……。

점 원

어서 오이소. 춥지예? 맘에 드시는 데 들어가 앉으시먼 뎁니더.
어서 오세요. 춥죠? 맘에 드시는 데 들어가 앉으시면 됩니다.
いらっしゃいませ。寒かったでしょう？　好きな所に入っていただいて結構です。

지 혜

여게 여로 하까?
여기 여기로 할까?
こっちにしようか？

정 우

그라자.
그러자.
そうだな。

점 원

멀로 하실람니꺼?
뭘로 하시겠습니까?
何になさいますか？

정 우

조개꾸이하고, 새우도 좀 무어 볼래?
조개구이하고, 새우도 좀 먹어 볼래?
貝焼きと、エビもちょっと食べてみる？

지 혜

그라자.
그러자.
そうね。

정 우

조개꾸이하고 새우 주이소.
조개구이하고 새우 주세요.
貝焼きとエビください。

점 원

조개하고 새우하고예.

조개하고 새우하고요.

貝とエビですね。

지 혜

요새 조개값이 마이 띴다카든데, 메뉴 가격은 아직 안 바낐는갑네예.

요새 조개값이 많이 뛰었다고 하던데, 메뉴 가격은 아직 안 바뀌었나 봐요.

最近貝の値段がだいぶ高くなったって言ってたけど、メニューの価格はまだ変わってないんですね。

점 원

아이고, 손님. 말또 마이소. 요새 조개뿐마이 아이라 재료값이 전부 다 띠올라가 죽겠어예. 그란해도 가격을 좀 올리까 우짜꼬 하고 있는 중이라예. 농가 묵는 기 있어야 장사를 할 꺼 아임니꺼?

아이고, 손님. 말도 마세요. 요새 조개뿐만이 아니라 재료값이 전부 다 뛰어올라서 죽겠어요. 그렇지 않아도 가격을 좀 올릴까 어쩔까 하고 있는 중이에요. 남겨 먹는 게 있어야 장사를 할 거 아닙니까?

あらま、お客さん。そうなんですよ。最近貝だけじゃなくて材料の値段も全部高くなって大変なんですよ。そうでなくてもちょっと値段を上げようかどうしようか考えてるところなんです。残る利益があってこそ、商売が成り立つんじゃないですか。

지 혜

글치예.

그렇지요.

そうですよね。

점 원

술은 멀로 하실람니꺼?

술은 뭘로 하시겠어요?

お酒は何になさいますか？

정 우

시원 한 벵 주이소.

시원 한 병 주세요.

C1を1本ください。

점 원

예, 알겠심니더. 째매만 기다리 주이소. 바로 숯불부터 넣어 드리께예.

네, 알겠습니다. 잠시만 기다려 주세요. 바로 숯불부터 넣어 드릴게요.

はい、かしこまりました。少々お待ちください。すぐに炭をお持ちいたしますね。

지 혜

슬슬 해가 질라는갑다. 아직 시간은 좀 이른데.

슬슬 해가 지려는가 봐. 아직 시간은 좀 이른데.

だんだん日が落ちるみたいね。まだ時間はちょっと早いけど。

정 우

글네.

그렇네.

そうだな。

지 혜

니 오늘 하루 젱일 낯이 어두운 거 아나? 니 때문에 날이 더 빨리 어두워지는거 같다. 와? 내 외국 가서 산다카이 섭섭하나?

너 오늘 하루 종일 낯이 어두운 거 알아? 너 때문에 날이 더 빨리 어두워지는 거 같다. 왜? 나 외국 가서 산다니까 섭섭해?

あんた今日1日中顔が暗いの分かってる？　あんたのせいで日が早く暮れたみたいだわ。何で？　私が外国に行って暮らすっていうから寂しいの？

정 우

섭섭하기는…. 그런 거 없다.

섭섭하기는…. 그런 거 없어.

寂しくなんか……。そんなことないさ。

점 원

불임니더. 조심하이소, 뜨거워예. 그라고 조개, 새우 여기 있어예. 시원도 여 있습니더. 조개 불에다 올려나 드리께예.

불입니다. 조심하세요, 뜨겁습니다. 그리고 조개, 새우 여기 있습니다. 시원도 여기 있습니다. 조개 불에 올려 드릴게요.

火をお持ちしました。気を付けてください。熱いですよ。それから貝、エビもお持ちいたしました。C1もこちらに置いておきます。貝を火の上に置きますね。

지 혜

와따, 머시 이래 많노? 이거 둘이서 다 묵겠나? 아줌마, 이라니까 남는 기 없는 거 아임니꺼?

어머나, 뭐가 이렇게 많아? 이거 둘이서 다 먹겠어? 아줌마, 이러니까 남는 게 없는 거 아니에요?

あらま、何がこんなに多いのかしら？　これ２人で全部食べられる？　おばさん、こんなんだから利益がないんじゃないんですか？

점 원

그래도 먹는 장사는 기분 좋게 해야지예. 푸짐하이 나와야 손님들이 기부이 좋을 꺼 아임니꺼? 그래야 또 찾아오실 끼고. 안 그래예?

그래도 먹는 장사는 기분 좋게 해야지요. 푸짐하게 나와야 손님들이 기분이 좋을 거 아닙니까? 그래야 또 찾아오실 거고. 안 그래요?

でも食べ物を売る商売は気分よくやらなきゃいけないでしょ。たっぷり出てきてこそ、お客さまたちも気分いいでしょう？　そうしたらまたいらしてくれるし。そうじゃありませんか？

지 혜

푸짐하이 기분은 좋네예.

푸짐하니까 기분은 좋네요.

たっぷりだから気分はいいですね。

점 원

보이소, 그지예? 그라믄 담에 또 오시이소!

거봐요, 그렇죠? 그럼 다음에 또 오세요!

ほら、そうでしょう？　ではまた次に、いらしてくださいね！

정 우
인자 몬 옵니더.
이제 못 와요.
もう来られないんです。

점 원
예?
네?
え?

정 우
이 친구 외국 가서 산담니더. 난주는 오고 싶어도 몬 옵니더.
이 친구 외국 가서 산대요. 나중에는 오고 싶어도 못 옵니다.
この人外国に行って暮らすんですよ。今度来たくても来られないんです。

점 원
으데 외국 가시는갑지예?
어디 외국 가시는가 봐요?
どこか外国に行かれるみたいですね?

지 혜
아, 예. 지는 몬 와도 주변에 선전 마이 해 드리께예.
아, 예. 저는 못 와도 주변에 선전 많이 해 드릴게요.
あ、はい。 私が来られなくても、周りにいっぱい宣伝しておきますね。

점 원
예, 예. 마이 자시고 우리 가게 선전 좀 마이 해 주이소.
예, 예. 많이 자시고 우리 가게 선전 좀 많이 해 주세요.
はいはい。たくさん召し上がって私のお店の宣伝いっぱいしてください。

지 혜
예, 꼭 해 드리께예.
예, 꼭 해 드릴게요.
はい、絶対にしておきます。

점 원

예, 부탁드리께예. 조개가 노릿노릿하이 익으믄 드시믄 뎁니더. 그럼 또 필요한 거 있으믄 부르세예.

예, 부탁드릴게요. 조개가 노릇노릇하게 익으면 드시면 됩니다. 그럼 또 필요한 거 있으면 부르세요.

はい、お願いします。貝がこんがりと焼けてきたら召し上がれます。それではまた何かありましたら呼んでくださいね。

지 혜

예, 감사함니더. 야가, 니는 와 쓸데없는 소리 하고 그래쌓노?

예, 감사합니다. 얘가, 너는 왜 쓸데없는 소리 하고 그러니?

はい、ありがとうございます。ちょっと、あんたどうして余計なこと言ったりするの？

정 우

쓸데없기는? 맞다 아이가. 니 이제 여 몬 오잖아.

쓸데없기는? 맞잖아. 너 이제 여기 못 오잖아.

余計なこと？　合ってるじゃないか。お前もうここに来られないじゃないか。

지 혜

그래도! 그런 얘기를 아줌마한테 말라고 하노? 애써 기분 좋게 서비스 해 주시는 분한테다 대놓고!

그래도! 그런 얘기를 아줌마한테 뭐 하러 해? 애써 기분 좋게 서비스 해 주시는 분한테 대고!

それでも！　そんな話をおばさんにする必要ある？　丁寧に気分よくサービスしてくれてる方に対して！

정 우

니가 또 올 끼라고 믿으믄 우짜노? 기다릴 꺼 아이가! 다시 몬 오는 거는 몬 온다고 말을 해나 주야 델 꺼 아이가!

네가 또 올 거라고 믿으면 어떡해? 기다릴 거 아냐! 다시 못 오는 거는 못 온다고 말을 해 줘야 될 거 아냐!

お前がまた来るって信じてたらどうするんだよ？　待つかもしれないじゃないか！　また来られないのは来られないって言ってあげなきゃいけないじゃないか！

지 혜

그래도 말이라도 '또 오께예' 해 놓으먼 서로 기분 안 좋나. 내가 외국을 가고 안 가고 머가 그리 중요하노?

그래도 말이라도 '또 올게요' 하면 서로 기분 좋잖아. 내가 외국을 가고 안 가고 뭐가 그리 중요해?

それでも言葉だけでも「また来ます」って言っておけばお互いに気分いいじゃない。私が外国行こうが行くまいが、それがそんなに重要なこと？

정 우

우쨌든 몬 오는 거는 몬 오는 거 아이가! 저 아줌마는 이제 니 몬 보잖아! 이 조개가 맛이 있든가 없든가, 청사포 바다가 이뿌든가 말든가, 니는 이제 몬 오잖아!

어쨌든 못 오는 거는 못 오는 거 아냐! 저 아줌마는 이제 너 못 보잖아! 이 조개가 맛이 있든 없든, 청사포 바다가 예쁘든 말든, 너는 이제 못 오잖아!

どっちにしても来られないのは来られないだろ！　あのおばさんはもうお前と会えないじゃないか！　この貝がおいしくてもまずくても、青沙洞の海がきれいでもそうでなくても、お前はもう来られないじゃないか！

점 원

손님, 다시 몬 오셔도 지는 괜찮심니더. 그라이 싸우지 마이소. 두 분이 오늘 즐겁게 맛나게 자시고 가시믄 지는 만고땡임니더. 즐겁게 자시이소. 그라고 다른 분들도 계시니까네, 목소리 쪼맨만 낮차 주실랍니꺼?

손님, 다시 못 오셔도 저는 괜찮습니다. 그렇게 싸우지 마세요. 두 분이 오늘 즐겁게 맛있게 자시고 가시면 저는 만고땡이에요. 즐겁게 자세요. 그리고 다른 분들도 계시니까요, 목소리 조금만 낮춰 주시겠어요?

お客さま、またお越しいただけなくても私は大丈夫です。そんなにけんかしないでください。２人が今日楽しく、おいしく召し上がってくれれば、それですべてオーケー（万苦が終わり）です。楽しんでくださいね。それから他のお客さまもいらっしゃいますので、声を少しだけ小さくしていただけますか？

지 혜

제송함니더.

죄송합니다.

すみません。

점 원

우데예, 우데예, 아니라예. 베찌 지가 쓸데없는 소리를 해가…. 조개 다 타겠심니더. 지는 신경 쓰지 마시고 후떡 맛나게 드시이소. 필요한 거 있으믄 부르이소.

아뇨, 아뇨, 아니에요. 괜히 제가 쓸데없는 소리를 해서…. 조개 다 타겠어요. 저는 신경 쓰지 마시고 얼른 맛있게 드세요. 필요한 거 있으면 부르세요.

いえいえ、大丈夫です。私が無駄に余計なこと言ってしまって……。貝、全部こげちゃいますよ。私のことは気にせず、早くおいしく召し上がってください。何かあったら呼んでくださいね。

지 혜

한잔해라. 자, 건배! 건배! 야, 건배 안 할 끼가? 내 팔 아푸대이.

한잔해. 자, 건배! 건배! 야, 건배 안 할 거야? 나 팔 아파.

１杯飲みましょう。ほら、乾杯！　乾杯！　ちょっと、乾杯しないの？　私、腕痛いんだけど。

정 우

아나.

나 참.

まったく。

지 혜

짠! 완샷! 캬! 또 멍하이 자불고 앉았제? 니도 빨리 마시라!

짠! 원샷! 카! 또 멍하게 졸고 앉아 있지? 너도 빨리 마셔!

乾杯！　いっき！　かあー！　またぼうっとして、座って居眠りしてるんでしょ？　あなたも早く飲みなさいよ！

정 우

휴~!

휴~!

ひゅー！

지 혜

내 건강하고 행복하게 잘사께.

나 건강하고 행복하게 잘살게.

私、元気で幸せに暮らすわ。

정 우

내가 머라 했나?

내가 뭐래?

私が何だって？

지 혜

니도 행복해라. 지금도 행복한 거 알지만, 더 더 행복해뿌라. 이쁜 아도 놓고.

너도 행복해라. 지금도 행복한 거 알지만, 더 더 행복해져라. 예쁜 아기도 낳고.

あんたも幸せになってね。今も幸せだと思うけど、もっともっと幸せになってね。かわいい子どもも産んで。

정 우

베찌. 아는 무슨….

됐다. 애는 무슨….

いいよ。何が子どもだよ……。

지 혜

나는 니가 내를 축하해 죴으믄 좋겠다. 잘살라고 빌어 죴으믄 좋겠다. 우리는 친구 아이가? 해 줄 꺼제? 응? 야아, 친구야아, 해줄 꺼제? 친구야아….

나는 네가 나를 축하해 줬으면 좋겠어. 잘살라고 빌어 줬으면 좋겠고. 우리 친구잖아. 해 줄 거지? 응? 야, 친구야, 해줄 거지? 친구야….

私は、あんたが私を祝ってくれたらうれしいわ。元気で暮らせるよう祈ってくれてたらうれしい。私たち友達でしょ？　してくれるでしょ？　ねえ、してくれるでしょ？　ねえ……。

정 우

어, 축하한다. 잘살아라.

어, 축하한다. 잘살아라.

うん、おめでとう。元気で暮らせよ。

지 혜

고맙대이. 자, 그런 의미에서 한잔하자! 건배!

고마워. 자, 그런 의미에서 한잔하자! 건배!

ありがとう。ほら、そういう意味で１杯飲もう！　乾杯！

本書のハングル表記

基本的に標準語の表記に沿って表記しましたが、釜山マル特有の単語や語尾、音韻・文法現象がある場合など、下記のように表記に反映させました。

1. 連音化

「낫다→나사서」や「시끄럽다→시끄러바라」のように、標準語と違う活用の場合は発音の通り表記しました。

2. 鼻音化

語尾の「-ㅁ니더/-심니더」や「-ㅁ니꺼/-심니꺼」は発音の通り表記しました。

3. 濃音化

①標準語では起きない濃音化が起きる場合は、子音を濃音で表記しました。

・語頭の濃音化／쪼매、떤지다
・語中の濃音化／말또 아이다、암껏도 아이다、-(으)ㄹ라꼬

②標準語でも起きる濃音化で、「ㄹ」連体形の後の「기」や「거」は、例えば「할 끼가？」のように、釜山マルでは習慣的に濃音で表記されることが多いためそれに倣いました。

4.「ㅐ」と「ㅔ」の書き分け

①標準語に発音と意味が同じ単語がある場合、それに従いました。

②「ㅏ」が後続する「ㅣ」の影響で音変化したものは「한다＋이→한대이」「다니다＞다이다＞대이다→댕기다」のように「ㅐ」で表記しました。

③標準語の「半母音 (y, w) ＋母音」の音節が釜山マルで変化したものは、「결혼→겔혼」のように母音が陽母音か陰母音で（「ㅓ」は陰母音なので「ㅔ」)、または「괜찮다→개한타」のように母音が広いか狭いかによって（「ㅐ」は広いエなので「ㅐ」) 書き分けました。

④上記③の例外として、一つの単語が活用によって陰陽を変えても、「되는→데는」「됐다→뎄다(댔다 ×)」のようにすべて「ㅔ」で表記しました。

⑤標準語で「ㅣ」に該当する単語が /e/ と発音される場合、「하지→하제」「저기→저게」のように「ㅔ」で表記しました。

⑥「이라다」「그라다」「우짜다」「우야다」などの用言の「-아/-어」形は、それぞれ「이래」「그래」「우째」「우얘」のように「ㅐ」「ㅒ」で表記しました。

⑦「베찌」「쎄리」など、標準語に対応する単語がなく、釜山マル特有の単語と思われる場合は、原則として「ㅔ」で表記しました。

5.「어」「으」「우」の表記

「어」と「으」は釜山マルでは発音上区別が弱く、また「우」ともしばしば交替しますが、すべてを統一すると逆に読みにくくなるため、使用頻度の高いいくつかの単語について個別的にルールを定め、その他は標準語の綴りに準じました。

①「으짜다/우짜다」「으야다/우야다」はそれぞれ「우짜다」「우야다」で表記しました。

②「어디」は基本的には「으데」で表記しました。

③「얼마」は、「을마」で表記しました。

④「-(으)면」にあたる語末語尾は「-(으)믄」で表記しました。

⑤「-더-」にあたる先語末語尾は、「하드나」「하드노」「하드만」のように「-드-」で表記しました。

6.その他

①過去形のパッチム表記は基本的にㅆに統一しましたが、묵다 (食べる)の過去形は慣習的に뭇다と書かれることが多いため、特別にㅅで表記しました。

②自然な釜山マルのやり取りを収録した第3章の音声ドラマでは、音声に沿って表記した個所があります。

■ 著者プロフィール

金世一（김세일／キム・セイル）
釜山で生まれ育ち、釜山で演劇人としての活動を始めました。慶星大学校演劇映画学科卒業後、文化庁海外招聘芸術家として来日。東京大学大学院修士課程修了（文化資源学研究専攻）、同博士課程満期退学。現在は日本で俳優、演技トレーナー、演出、翻訳、通訳として活動するほか、横浜コリアン文化研究センターの韓国語ドラマクラスの講師を歴任。NHKラジオ韓国語講座に韓国語ナレーターとして出演、世 aml主宰を務めるなど、多方面で活躍しています。本書では第２章、第３章の執筆を担当しました。

白尚憙（백상희／ペクサンヒ）
釜山で生まれ、釜山で 45 年間暮らした生粋の釜山人。釜山大学校人文大学院博士課程修了（韓日対象言語専攻）後、同大学の言語教育院で韓国語を教えた後、来日。現在は文教大学文学部でコリア語を担当しています。共著に『耳から入る韓国語』『耳から入る韓国語２』（共に学研刊）などがあります。本書では、第１章の執筆を担当しました。

※「本書の構成と使い方」「釜山案内」「本書のハングル表記」は編集部で執筆しました。

■ 音声ナレーション

第１章、第２章：金世一、李知映
第３章:박용헌(부산연극제작소 동녘所属)、김지혜、서경화、김병철(극단 배우창고所属)

楽しい韓国語の方言ワールド

改訂版 話してみよう! 釜《プ》山《サン》語《マル》

2013年7月21日 初版発行
2021年4月11日 改訂版初刷発行

著者　金世一／白尚憙

編集協力　コーディネートワン／鷲澤仁志
カバー・本文デザイン　トツカケイスケ
DTP　新井田晃彦（有限会社 共同制作社）
CDプレス　イービストレード株式会社
印刷・製本　中央精版印刷株式会社

発行人　裵正烈
発行　株式会社 **HANA**
〒102-0072　東京都千代田区飯田橋 4-9-1
TEL:03-6909-9380　FAX:03-6909-9388
E-mail: info@hanapress.com
発売　株式会社インプレス
〒101-0051　東京都千代田区神田神保町一丁目105番地
ISBN978-4-295-40543-6 C0087 © HANA 2013 printed in Japan

●本の内容に関するお問い合わせ先
HANA 書籍編集部
TEL: 03-6909-9380　FAX: 03-6909-9388

●乱丁本・落丁本の取り替えに関するお問い合わせ先
インプレス カスタマーセンター
TEL: 03-6837-5016 FAX: 03-6837-5023
E-mail: info@impress.co.jp

乱丁本・落丁本はお手数ですが、インプレスカスタマーセンターまでお送りください。送料弊社負担にてお取り換えさせていただきます。ただし、古書店で購入されたものについては、お取り換えできません。

●書店・販売点のご注文受け付け
インプレス 受注センター
TEL: 048-449-8040　FAX 048-449-8041